研究生教育质量功能展开研究

YANJIUSHENG JIAOYU
ZHILIANG GONGNENG ZHANKAI YANJIU

刘　源 ◎ 著

·广州·

版权所有　翻印必究

图书在版编目（CIP）数据

研究生教育质量功能展开研究/刘源著.—广州：中山大学出版社，2016.8

ISBN 978-7-306-05772-3

Ⅰ.①研⋯　Ⅱ.①刘⋯　Ⅲ.①研究生教育—教育质量—研究—中国　Ⅳ.①G643

中国版本图书馆 CIP 数据核字（2016）第 180231 号

出 版 人：	徐　劲
策划编辑：	高惠贞　曹丽云
责任编辑：	曹丽云
封面设计：	曾　斌
责任校对：	曾育林
责任技编：	何雅涛
出版发行：	中山大学出版社
电　　话：	编辑部 020-84111996，84113349，84111997，84110779
	发行部 020-84111998，84111981，84111160
地　　址：	广州市新港西路 135 号
邮　　编：	510275　　传真：020-84036565
网　　址：	http://www.zsup.com.cn　E-mail: zdcbs@mail.sysu.edu.cn
印 刷 者：	虎彩印艺股份有限公司
规　　格：	787mm×960mm　1/16　14 印张　250 千字
版次印次：	2016 年 8 月第 1 版　2016 年 8 月第 1 次印刷
定　　价：	38.00 元

如发现本书因印装质量影响阅读，请与出版社发行部联系调换

前　言

在我国高等教育大发展的背景下，研究生教育质量问题也日益凸显，引起了人们的广泛关注和重视。研究生教育是典型的利益相关者活动，教育管理者、培养高校、用人单位、在读研究生及其家庭等各类利益相关者对研究生教育的各个方面都有重要影响。随着社会经济的持续发展和研究生教育质量观的不断变化，研究生教育质量势必会向着全面满足甚至超越利益相关者期望的方向演变。然而在资源有限的现实条件下，要满足所有利益相关者的所有需求是不切实际的，因此需要从利益相关者对研究生教育质量最关键的需求出发，找出满足需求的最重要的质量表征，采取切实有效的质量保障措施，合理配置并高效利用资源，进而提升利益相关者的总体满意度，最终有效提升研究生教育质量。

本书在对现有研究文献进行归纳总结的基础上，综合运用质量功能展开理论、系统理论、利益相关者理论、教育管理理论及质量管理理论和方法，构建了研究生教育质量功能展开模型；以"相关者需求—质量特征—质量保障"为思路，围绕利益相关者的需求，配置研究生教育质量特征并采取质量保障措施，把相关者需求转变为研究生教育活动中的参与者和管理者都能够理解和执行的具体信息，以便研究生教育质量管理和质量改进活动的开展。在借鉴前人研究的基础上，结合对专家学者的访谈，分别对相关者需求、质量特征和质量保障进行了一阶展开和二阶展开分析，构建相关者需求—质量特征相关矩阵和质量特征—质量保障相关矩阵，并以广东省典型高校为例，对模型进行了实证研究验证和具体应用。

研究结果表明：第一，研究生教育利益相关者最期望研究生教育满足其发展成就需求，最重视研究生教育的声誉性质量特征，并认为高校内部管理机制是最有效的质量保障措施。第二，不同类型的利益相关者对研究生教育需求有显著差异，用人单位和在读研究生对互动关系需求的重视程度都显著高于政府教育管理部门。第三，不同学历和不同类型的利益相关者对研究生教育质量保障的看法也有显著差异，拥有硕士学历和本科学历的利益相关者对社会协作保障措施的重视度都显著高于本科以下学历的利益相关者，在读研究生对政府管理保障措施的重视度显著高于用人单位，培养高校对政府管理保障措施的重视度显著高于在读研究生。

本书旨在探索具备可行性和适应性的研究生教育质量功能展开模型，进行相关理论分析和实践检验，丰富和拓展高等教育管理理论体系，为政府主管部门制定并实施相关的政策法规及我国研究生教育发展战略规划提供决策参考。

本书的出版得到了教育部人文社会科学研究青年基金项目（14YJC880041）和广东省省级科技计划项目（2014A070704003/2015A070705005）资金的支持，在此一并表示感谢。

作者

2016.6

目　　录

第1章　绪论 ………………………………………………………… 1
　1.1　研究背景 ………………………………………………………… 1
　1.2　研究问题 ………………………………………………………… 3
　1.3　研究目的和意义 ………………………………………………… 4
　1.4　相关文献综述 …………………………………………………… 4
　　　1.4.1　研究生教育 ……………………………………………… 5
　　　1.4.2　质量管理 ………………………………………………… 10
　　　1.4.3　研究生教育质量管理 …………………………………… 15
　1.5　研究内容和方法 ………………………………………………… 28
　　　1.5.1　研究内容 ………………………………………………… 28
　　　1.5.2　研究方法 ………………………………………………… 29
　　　1.5.3　技术路线图 ……………………………………………… 31
　1.6　可能的创新之处 ………………………………………………… 32

第2章　研究的理论基础 …………………………………………… 33
　2.1　质量功能展开理论 ……………………………………………… 33
　　　2.1.1　质量功能展开的模式 …………………………………… 34
　　　2.1.2　质量功能展开的理论发展 ……………………………… 35
　　　2.1.3　质量功能展开的应用拓展 ……………………………… 36
　　　2.1.4　质量屋基本工具 ………………………………………… 38
　2.2　系统理论 ………………………………………………………… 41
　　　2.2.1　系统的特点 ……………………………………………… 41
　　　2.2.2　系统的要素与结构 ……………………………………… 42
　　　2.2.3　系统的环境与功能 ……………………………………… 43

2.3 利益相关者理论……43
2.3.1 利益相关者理论的发展……44
2.3.2 利益相关者理论在教育领域的应用……45
2.3.3 研究生教育利益相关者的分类……47
2.3.4 研究生教育核心利益相关者的投入……54
2.4 本章小结……57

第3章 研究生教育质量功能展开模型……58
3.1 模型的概念框架……58
3.1.1 模型建构依据……58
3.1.2 重要概念界定……59
3.1.3 模型建构思路……60
3.1.4 模型概念框架……61
3.2 模型的基本原理……63
3.2.1 展开的原理……63
3.2.2 系统的原理……63
3.2.3 面向重点原理……64
3.2.4 需求变换原理……64
3.3 模型的结构组成……65
3.3.1 相关者需求……65
3.3.2 质量特征……66
3.3.3 相关者需求权重矩阵……66
3.3.4 相关者需求—质量特征相关矩阵……67
3.3.5 质量特征权重矩阵……67
3.3.6 质量保障……67
3.3.7 质量特征—质量保障相关矩阵……68
3.3.8 质量保障权重矩阵……69
3.4 模型的运算方法……69
3.4.1 相关矩阵计算……69
3.4.2 权重矩阵计算……71
3.5 本章小结……73

第4章 研究生教育质量功能展开模型的结构分析 …………… 74
4.1 模型结构与假设 …………… 74
4.1.1 相关者需求分析 …………… 75
4.1.2 质量特征分析 …………… 77
4.1.3 质量保障分析 …………… 80
4.2 变量和研究设计 …………… 82
4.2.1 变量的操作性界定 …………… 83
4.2.2 数据来源和研究对象 …………… 89
4.2.3 数据分析方法 …………… 91
4.2.4 预测试分析 …………… 93
4.3 数据分析 …………… 97
4.3.1 探索性因子分析与信度分析 …………… 98
4.3.2 验证性因子分析与效度分析 …………… 106
4.4 检验结果 …………… 123
4.4.1 假设验证结果汇总 …………… 123
4.4.2 模型结构要素 …………… 124
4.5 本章小结 …………… 127

第5章 研究生教育质量功能展开模型的应用 …………… 130
5.1 模型应用对象 …………… 130
5.1.1 对象界定 …………… 130
5.1.2 数据来源 …………… 131
5.2 模型应用结果 …………… 133
5.2.1 相关矩阵 …………… 133
5.2.2 要素权重 …………… 133
5.3 人口统计学变量的影响 …………… 140
5.3.1 相关者需求差异 …………… 140
5.3.2 质量特征差异 …………… 144
5.3.3 质量保障差异 …………… 147
5.4 研究结果讨论 …………… 151
5.4.1 研究结果分析 …………… 152
5.4.2 思考与启发 …………… 156
5.5 本章小结 …………… 163

第 6 章　结论 ··· 164

参考文献··· 167

附录 1　调查问卷 ·· 191

附录 2　专家小组评分情况 ··· 195

图 目 录

图 1-1　研究内容结构 …………………………………………… 28
图 1-2　研究技术路线 …………………………………………… 31
图 2-1　ASI 四阶段质量功能展开模式 ………………………… 35
图 2-2　质量功能展开理论的质量屋工具 ……………………… 39
图 2-3　对利益相关者划分的框架 ……………………………… 50
图 2-4　研究生教育利益相关者细分 …………………………… 52
图 2-5　1998—2010 年我国经济发展情况、高等教育经费及研究生人数 … 55
图 2-6　1998—2009 年我国高等教育经费来源及变化情况 …… 55
图 3-1　研究生教育质量改进思路 ……………………………… 59
图 3-2　研究生教育质量功能展开模型建构思路 ……………… 61
图 3-3　研究生教育质量功能展开模型的概念框架 …………… 62
图 4-1　运用感性工学思想改进的顾客需求获取办法 ………… 83
图 4-2　2010 年度我国研究生招生及在校生的学科构成情况 … 89
图 4-3　2010 年度我国研究生招生及在校生的类型构成情况 … 90
图 4-4　1997—2010 年我国研究生招生和学位授予的层次构成情况 … 91
图 4-5　相关者需求二阶 CFA 标准化估计路径 ……………… 107
图 4-6　质量特征二阶 CFA 标准化估计路径 ………………… 112
图 4-7　质量保障二阶 CFA 标准化估计路径 ………………… 116
图 4-8　整体模型 CFA 标准化估计路径 ……………………… 120
图 4-9　研究生教育相关者需求要素展开 ……………………… 124
图 4-10　研究生教育质量特征要素展开 ……………………… 125
图 4-11　研究生教育质量保障要素展开 ……………………… 126
图 4-12　研究生教育质量功能展开模型 ……………………… 128
图 5-1　模型应用数据来源 ……………………………………… 131

表 目 录

表1-1　研究生教育现状研究情况 ……………………………………… 7
表1-2　高等教育质量观研究情况 ……………………………………… 16
表1-3　高等教育质量管理模式研究情况 ……………………………… 19
表1-4　研究生教育质量影响因素研究情况 …………………………… 23
表1-5　研究生教育内外部质量保障模式研究情况 …………………… 25
表2-1　利益相关者认识侧重点比较 …………………………………… 44
表2-2　主要的利益相关者细分方法 …………………………………… 47
表2-3　研究生教育中的利益相关者界定 ……………………………… 52
表4-1　研究生教育质量特征分析框架 ………………………………… 78
表4-2　研究生教育相关者需求展开分量表 …………………………… 84
表4-3　研究生教育质量特征展开分量表 ……………………………… 86
表4-4　研究生教育质量保障展开分量表 ……………………………… 87
表4-5　相关者需求预测试分析摘要 …………………………………… 94
表4-6　质量特征预测试分析摘要 ……………………………………… 95
表4-7　质量保障预测试分析摘要 ……………………………………… 96
表4-8　样本基本信息 …………………………………………………… 97
表4-9　相关者需求KMO与Bartlett检验结果 ………………………… 99
表4-10　相关者需求探索性因子分析结果 …………………………… 99
表4-11　相关者需求可靠性分析结果 ………………………………… 100
表4-12　质量特征KMO与Bartlett检验结果 ………………………… 101
表4-13　质量特征探索性因子分析结果 ……………………………… 102
表4-14　质量特征可靠性分析结果 …………………………………… 103
表4-15　质量保障KMO与Bartlett检验结果 ………………………… 104
表4-16　质量保障探索性因子分析结果 ……………………………… 105

表 4-17　质量保障可靠性分析结果 …………………………………… 106
表 4-18　相关者需求二阶 CFA 模型适配度检验结果 ………………… 108
表 4-19　相关者需求二阶 CFA 模型会聚效度检验结果 ……………… 110
表 4-20　质量特征二阶 CFA 模型适配度检验结果 …………………… 113
表 4-21　质量特征二阶 CFA 模型会聚效度检验结果 ………………… 114
表 4-22　质量保障二阶 CFA 模型适配度检验结果 …………………… 117
表 4-23　质量保障二阶 CFA 模型会聚效度检验结果 ………………… 118
表 4-24　整体模型直接、间接效果值摘要 …………………………… 120
表 4-25　整体模型 CFA 模型适配度检验结果 ………………………… 121
表 4-26　整体模型 CFA 会聚效度分析结果 …………………………… 122
表 4-27　假设验证结果汇总 …………………………………………… 123
表 5-1　相关者需求—质量特征相关矩阵 …………………………… 134
表 5-2　质量特征—质量保障相关矩阵 ……………………………… 135
表 5-3　相关者需求要素权重 ………………………………………… 136
表 5-4　质量特征要素权重 …………………………………………… 137
表 5-5　质量保障要素权重 …………………………………………… 139
表 5-6　不同性别相关者的质量需求重视度差异性检验结果 ……… 141
表 5-7　不同年龄相关者的质量需求重视度方差分析结果 ………… 141
表 5-8　不同学历相关者的需求重视度方差分析结果 ……………… 142
表 5-9　不同类型相关者的需求重视度差异性检验结果 …………… 143
表 5-10　不同类型相关者对互动关系层次需求重视度的多重比较
　　　　结果 …………………………………………………………… 143
表 5-11　不同性别相关者的质量特征重视度差异性检验结果 ……… 144
表 5-12　不同年龄相关者的质量特征重视度方差分析结果 ………… 144
表 5-13　不同学历相关者的质量特征重视度方差分析结果 ………… 145
表 5-14　不同类型相关者的质量特征重视度差异性检验结果 ……… 146
表 5-15　不同性别相关者的质量保障重视度差异性检验结果 ……… 147
表 5-16　不同年龄相关者的质量保障重视度方差分析结果 ………… 148
表 5-17　不同学历相关者的质量保障重视度方差分析结果 ………… 149
表 5-18　不同学历相关者对社会协作重视度的多重比较结果 ……… 150
表 5-19　不同类型相关者的质量保障重视度差异性检验结果 ……… 150
表 5-20　不同类型相关者对政府管理重视度的多重比较结果 ……… 151

第1章 绪 论

研究生教育处于高等教育的顶端，是 21 世纪备受瞩目的焦点。相对于高等教育的专科、本科层次而言，研究生教育更偏向于精英教育，更多地体现了大学的人才培养、科学研究、社会服务和文化引领四大职能，对国家科技、经济、社会进步和发展有至关重要的作用。本章首先对研究背景进行说明，在此背景下提出所研究的问题、研究目的和研究意义，随后对国内外关于研究生教育、质量管理和研究生教育质量管理的研究文献进行综述，说明研究内容、研究思路和主要用到的研究方法。

1.1 研究背景

从教育部每年公布的《全国教育事业发展统计公报》数据统计中可以看出，近年我国的研究生教育均呈现超常规模发展的趋势：2011 年全国招收研究生 56.02 万人，比上年增加 2.2 万人，增长 4.09%，其中博士生 6.56 万人，硕士生 49.46 万人[1,2]。同时，研究生培养类型也日益丰富和多样化：我国目前共有 13 个学科门类可以进行研究生人才培养，设有 100 多个一级学科和 300 多个二级学科，还有招生单位各自设立的近 800 个二级学科；在应用型研究生方面，还设置了 39 个可授予硕士专业学位和 5 个可授予博士专业学位的专业[3]。2010 年颁布实施的《国家中长期教育改革和发展规划纲要（2010—2020 年）》[4]及《教育部关于全面提升高等教育质量的若干意见》中都明确指出，要把提高质量作为教育改革发展的核心任务，树立以提高质量为核心的教育发展观，建立以提高教育质量为导向的管理制度和工作机制，制定教育质量国家标准，健全教育质量保障体系；在研究生教育方面，也要大力推进研究生培养机制改革，加强管理，不断提高研究生培养质量。

随着高等教育的大众化，我国研究生教育发展中的质量问题也日益凸显，引起了人们的广泛关注和重视。我国现行的重要质量保障手段是建立于1985年的研究生教育评价制度，至今已经有30年的历史。而在这些年间，我国社会政治、经济、文化、教育体制等方面都发生了深刻的变革。研究生教育在其发展规模和类型上有许多变化，教育质量观也发生了重大变化，原有的质量评价体系必然会出现种种不适应而迫切需要变革，因此，亟待建立起一套更具有时代性和可操作性的研究生教育质量保障系统。目前我国的质量保障体系主要以国家行政力量主导的评估活动为主，许多高校仍停留在被动接受评估和审查等形式上；同时，由于各类新闻媒体和社会机构对质量保障体系的不同理解，虽然开展了五花八门的院校排名、学科排名等活动，但其对完善研究生教育质量保障体系的作用还不明显；从研究生教育质量的相关研究文献来看，大多仅从单一的政府或学生角度出发，视角较为狭窄，鲜有对研究生教育利益相关者的类别进行细分，或对各类利益相关者的具体需求进行深入挖掘；目前研究生教育质量管理的文献也大多仅关注于对研究生培养模式、培养过程中的各个环节管理的基本内容和方法，综合运用定性和定量方法的研究较少，使得该类研究的实践参考价值有限。

研究生教育是典型的利益相关者活动，研究生教育质量与其利益相关者息息相关。进入全面质量管理时期以来，无论是工业界、企业界还是教育界，对于"质量"的定义都不仅仅是达标即可，正在以全面满足甚至超越消费者、利益相关者的期望为目标而努力。然而在资源有限的现实环境下，满足所有利益相关者的所有需求，显然是不可行的，因而研究生教育功能要在这样的多重需求中到达均衡，就必须结合实际情况灵活地运用质量功能展开方法，对利益相关者需求要素及质量特征进行一定的排序，以安排各类利益相关者的不同需求按顺序得到满足，从而实现合理地配置资源、高效地使用资源。因此，寻求一种定性与定量结合的、针对性较强的、实践操作参照价值较高的研究生教育质量保障方式，显得尤为重要。本研究尝试将利益相关者理论和质量功能展开方法引入研究生教育质量保障活动，结合我国研究生教育实践的性质特点，建立研究生教育质量功能展开模型，并对模型进行相关分析论证和检验应用，从理论和方法层面为研究生教育质量管理实践提供帮助。

1.2 研究问题

在上述背景下，本研究拟解决的关键问题主要有以下四方面。

1. 研究生教育利益相关者研究

我国研究生教育的利益相关者主要有哪些？如何对我国研究生教育的利益相关者进行分类？其中最重要的核心利益相关者有哪些？本研究将从利益相关者的视角出发，对我国研究生教育的利益相关者进行细分，重新分析最重要的核心利益相关者对研究生教育的需求。

2. 研究生教育利益相关者需求展开研究

研究生教育中的核心利益相关者对研究生教育质量的需求有哪些？他们最突出重视的是哪些方面的需求？本研究通过深度挖掘研究生教育核心利益相关者的需求，并对其进行结构化的研究分析，由此形成利益相关者需求展开要素列表和要素权重矩阵：相关者需求展开要素列表中包括研究生教育利益相关者需求的分类层级图，要素权重矩阵中则包括研究生教育利益相关者各项需求的相对重要度。

3. 研究生教育质量特征展开研究

我国研究生教育满足利益相关者需求的主要质量特征要素有哪些？本研究将以满足利益相关者需求为起点，根据对研究生教育质量特征表现的结构化分析，由此形成研究生教育质量特征展开要素列表和要素权重矩阵：质量特征展开要素列表中包括研究生教育质量特征的分类层级图；要素权重矩阵主要来自对利益相关者需求与满足需求的质量特征之间关系的分析，由利益相关者需求要素权重矩阵和利益相关者需求—质量特征相关矩阵的计算中得出，包括研究生教育各项质量特征的相对重要度。

4. 研究生教育质量保障展开研究

我国研究生教育满足利益相关者需求的程度会受到哪些因素影响？采取哪些措施有助于更好地配置研究生教育质量特征从而提高利益相关者的满意度？本研究将根据以满足利益相关者需求为目标的研究生教育质量特征，设计研究生教育质量保障措施，由此形成研究生教育质量保障展开要素列表和要素权重矩阵；质量保障展开要素列表中包括研究生教育质量保障的分类层级图；要素权重矩阵主要来自对质量特征与质量保障之间关系的分析，由质量特征要素权重矩阵和质量特征—质量保障相关矩阵的计算中得出，包括研究生教育各项质量特征的相对重要度，并保证各项质量保障的重要度排序是建立在利益相关者各项需求的重要度排序之上的。

1.3 研究目的和意义

本研究的研究目的在于，通过综合利用质量功能展开理论、系统理论和利益相关者理论，对我国研究生教育质量进行研究，探索建立具备可行性和适应性的研究生教育质量功能展开模型，并进行相关理论分析和实践检验，丰富和拓展高等教育管理理论体系，为政府主管部门制定并实施相关的政策法规及我国研究生教育发展战略规划提供参考。

1. 本研究的理论意义

尝试将利益相关者理论和质量功能展开理论引入研究生教育质量保障领域，并以此为基础建立模型概念框架，构建研究生教育质量功能展开模型，探索出一套既符合我国国情，又符合研究生教育一般客观规律的理论，从理论层面为研究生教育及教育质量管理实践提供指导。

2. 本研究的实践意义

将研究生教育质量目标量化为可理解、可控制的具体利益相关者需求要素，有助于更加清晰地分析和把握研究生教育过程中对相关者需求满意度有较大影响的关键质量特征要素，通过控制各类质量保障要素来有效展开相应的质量保障工作，对政府宏观政策的制定、社会机构监督作用的发挥及高校内部质量保障机制的建设提出具体对策和建议，有利于促进我国研究生教育的发展。

1.4 相关文献综述

在正式研究开始之前，有必要通过大量地阅读国内外现有的相关文献，了解目前对研究生教育、质量管理和研究生教育质量管理的概念定义及研究进展情况，探索本文研究的方向。

1.4.1 研究生教育

研究生教育一直是国内外学术界、教育界学者的研究重点，围绕研究生教育开展的研究文献不计其数，许多机构或学者都对研究生教育概念进行了定义，或对各类、各层次、各区域研究生教育进行了经验总结或理论探讨。

1. 高等教育的概念

高等教育概念目前在国内及国际上都有较权威的定义。我国对高等教育的最权威的官方定义出现在《中华人民共和国高等教育法》中：高等教育指的是在完成高级中等教育基础上实施的教育。1998年10月，联合国教科文组织在法国巴黎召开了首次世界高等教育大会，大会发表的《21世纪的高等教育：展望和行动世界宣言》中对高等教育作了如下界定："高等教育包括由大学或国家主管当局批准的，为高等学校或其他教育机构提供的各类中等教育后的学习、培训或研究培训。"[5]这一界定不但突出了高等教育与中等教育的区别，还尽可能地包含了各国各地区的高等教育情况。

2. 研究生教育的概念

现有的文献中对研究生教育的定义大致上可以分为三种类型，第一种类型主要是针对研究生教育的本质特征而言，第二种类型更侧重于对研究生教育现象的描述，第三种类型则是结合以上两者，力求更全面地描述研究生教育。创办于1786年的霍普金斯大学（The Johns Hopkins University）的创始人John Hopkins称："研究生教育是高等教育的一个重要组成部分，该阶段主要培养学生进行科学探索和研究"[6]，霍普金斯大学也是第一所把培养研究生放在首位的美国大学。《国际教育标准分类》中指出："研究生教育是属于第三层级中的第二阶段的教育，它不但是高等教育一个十分重要的组成部分，也是高等教育的最高层次。"秦惠民认为，研究生教育是在大学本科后进行的培养高层次专门人才的一种教育，属于高等教育的最高阶段[7]。杨汉清和韩骅通过分析研究生教育的英文名称（postgraduate education或graduate education）后提出，相对于本科生（undergraduate education）阶段，研究生教育不但是本科学制的简单延长，同时也是更高层次的"毕业后"教育，在研究生教育过程中，学生是以准研究者的身份接受教育并参与科研的[8]。徐远超等认为，研究生教育在实现国家发展目标上发挥了两方面的作用：一方面有助于培养未来的研究人员和教师，另一方面则直接为实现更广泛的科技、经济和文化等国家发展目标做出贡献[9]。李红认为，研究生教育与本科生教育的本质区别在于教学与科研的结合程度不同，相对于本科教育中教研的偶尔结合，研究生教育中的教研应结合得更紧密[10]。

3. 关于教育现状及趋势

近10年来，我国高等教育处在迅速发展过程中。根据教育部2015年的统计，2014年全国高等教育招生数量和在校生数量持续增加，全国各类高等教育总规模达到3559万人，高等教育毛入学率达到37.5%[11]。按照美国著名社会学家马丁·特罗（Martin Trow）于1972年提出的国际公认的高等教育大众化理论："当接受高等教育者占适龄人口的比例在15%以下为精英教育阶段，15%～50%为大众化教育阶段，50%以上为普及化教育阶段的标准"[12]，中国的高等教育早已进入了大众化教育阶段。关于我国高等教育未来的进一步发展，2010年出台的《国家中长期教育改革和发展规划纲要（2010—2020年）》中提出："到2020年，中国教育将是惠及全民的、更高水平的、更加公平的普及教育，高等教育的入学率将达到40%。"[13]预计到时我国本科以上文化程度的人口将超过2亿，我国将接近高等教育普及化。

高等教育的现状与未来发展趋势一直是国内外研究的热点，通过查阅国内外近5年的文献，关于高等教育未来发展方向的研究主要集中在以下四个领域：一是关注于教育国际交流与合作的研究，如 Marginson[14]、Reimers[15]、Roberts 等[16]、谭净[17]、张伟江和郭朝红[18]、徐青[19] 等都从高等教育国际化的角度对人才培养进行了探讨；二是对如何改进和提升高等教育绩效的研究，如 Ferris[20]、Zhang[21]、Sarrico 等[22]、赵镇[23]、闫树涛[24]、钱军平[25] 等不但探讨了如何评价和衡量高等教育的绩效，而且从教育教学方法和手段改革等方面提出许多对策和建议；三是关于高等教育创新人才培养的研究，如 Russo[26]、Light[27]、杨艳玲[28]、李怀祖等[29]、刘培[30] 等从不同角度对高校人才培养模式创新的有关问题进行了广泛深入的交流和探讨；四是关于高校管理体制改革的研究，如 Tapper[31]、Bombała[32]、张乐天[33]、徐翠华[34]、张忠迪[35] 等回顾了国内外多所高校内部管理体制改革的动因、进程和特征，并探索未来的教育管理体制改革中存在的问题和发展的方向。

4. 关于教育产出的界定

如何对研究生教育的产出及其性质进行界定是一个见仁见智的问题，"产品观"和"服务观"之争至今仍是一个未解决的问题。一方面，学术界有一种将教育产出的质量与事先设定的培养标准统一起来的产品质量观，即用产品质量的概念和方法定义教育产出，根据各研究生培养高校在国家政府和教育部制定的法律法规的基础上设定培养目标和标准，将有利于教育系统整体活动和质量评估保障活动的开展。但另一方面，教育同时也是一种社会活动，用静止的产品质量观难以准确反映这一活动过程，因而也有许多学者认为应该采用服务的质量观来反映教育作为一个生产及服务的全过程，及其围绕着国家、社会、高校、用人单位以及学生的需要，满足社会服务要求的一切能力的总和。目前我国的高等教育具有"服务消费的竞争性和非排他性"和"消费效用的不可分割性和产权的共享性"[36]等特点，张斌贤和康绍芳也指出，教育以其公益性区别于其他社会活动，是其存在的前提条件和合法性基础[37]。还应该注意到，为了便于统计国民经济状况，教育在我国被划归为第三产业，但教育不是经济的一个分支，其本质在于"育人"，教育的本质属性是培养人的活动，因而产品观和服务观不应该是对立的，而应该将两者有机地结合起来，才能更好地理解和探究研究生教育的各项产出。

5. 关于研究生教育细分

国外学者关于研究生教育现状的研究大致可以分为四种，主要包括研究生教育在不同层次、不同学科、不同培养类型以及不同区域的现状描述。本研究对各视角的代表性学者及他们研究的主要内容进行了归纳，具体如表1-1所示。

表1-1 研究生教育现状研究情况

研究视角	专家学者	主要内容
各层次研究生教育	王根顺和焦炜（2002）、Russell（2000）、Powell（2009）、Grevholm（2005）、李立国和詹宏毅（2008）、张玉岩和王蒲生（2010）等	根据研究生教育层次进行划分，讨论硕士层次、博士层次以及其他特殊的研究生教育情况

续表 1-1

研究视角	专家学者	主要内容
各学科研究生教育	Schwarz & Teichler（2000）、Selke（2001）、Şenyapili & Basa（2006）、杨晓明（2009）、邬智等（2010）	根据不同的学科进行划分，研究不同学科领域的研究生培养情况
各类型研究生教育	Hoddell（2000）、刘国瑜（2005）、翟亚军和王战军（2006）、Crawford（2006）、叶宏（2007）等	根据研究生培养类型进行划分，对比学术型研究生和专业学位研究生的培养情况
各地区研究生教育	McGuineess（1997）、Schiller & Liefner（2007）、Hazelkorn & Moynihan（2010）、王中华（2009）、贾云鹏（2010）、解希顺（2010）等	根据地理位置划分，研究同一国家不同地区，或不同国家和地区的研究生教育情况

资料来源：根据相关文献资料归纳整理而成。

(1) 关于不同层次的研究生教育。

对不同层次的研究生教育现状展开的研究一般又可细分为两类。有的学者是将同一国的不同层次的研究生教育特点进行对比。如 Russell 等和 Powell 等都在总结美国的第一专业学位这一特殊的研究生教育基础上，提出了发展和丰富研究生教育层次的建议[38,39]。Grevholm 等通过向瑞典的博士生发放问卷获取资料，以构建影响他们开展研究的框架模型[40]。张玉岩和王蒲生通过分析美国研究生教育的层次类型和规模结构，总结了美国 30 多年来硕士和博士学位授予主要学科群的演变规律[41]。而有的学者是通过介绍国外博士研究生与硕士研究生教育的经验而对我国研究生教育提供启示。如王根顺和焦炜认为我国正在实施大力发展硕士教育同时稳步发展博士教育的策略，而且从美国、德国、英国、日本等发达国家近 10 年来不断增长的硕士生、博士生的招生数量来看，这是大势所趋[42]。李立国和詹宏毅研究了我国授予博士学位的各学科门类以及其下属一级学科的结构变化过程和特点，并提出了相应的研究结论和政策建议[43]。

(2) 关于不同学科的研究生教育。

有许多文献从不同专业学科的角度来探讨研究生教育。如 Şenyapili 和 Basa 回顾并描述了建筑学的研究生教育发展的历程和现况[44]。Schwarz 和 Teichler 阐述了美国教育博士教学项目（higher education doctoral programmes）在招生录取、课程设置、考核淘汰、学位论文、毕业生就业等各方面的具体做法，并就上述方面对学术型教育博士和专业型教育博士进行了比较分析[45]。Selke 分析了目前美国教育文学硕士学位（the master of arts of teaching, M. A. T.）、传统的教育硕士学位（traditional education master's degrees）和针对想终生从事课堂教学的学生设置的硕士学位（practitioner's master's degrees）三种硕士学位在目标设置、人才培养、培养形式等方面的不同[46]。杨晓明以黑龙江农业经济管理学科研究生培养方式为研究对象，通过理论分析并采取多层次模糊综合评价方法进行实证研究[47]。邬智等对理工类硕士研究生知识结构进行了调查，发现了其中存在的问题并提出对策和建议[48]。

（3）关于不同类型的研究生教育。

研究生教育可以分为学术型和应用型两类，专业学位的出现是以 1910 年美国哈佛大学首创的工商管理硕士（master of business administration，MBA）教育为标志的，之后英国、德国、日本等国家都形成了各具特色的专业学位教育模式，各国的学者也对此进行了大量研究。如 Hoddell 对英国专业博士和哲学博士二者进行了比较，分析二者各自的特点与不同[49]。Crawford 同样从产生背景、适宜人群、特点、运行、功能作用以及发展前景等方面对专业科学硕士进行了介绍[50]。刘国瑜提出职业性、学术性、研究性是专业学位研究生教育的三大基本特征[51]。翟亚军和王战军从专业学位的基本属性、层次定位、专业学位和科学学位与职业资格的关系，以及专业学位的规模、结构、效益、质量保障体系、国际化与本土化八个方面分析了我国专业学位教育发展过程中存在的问题[52]。叶宏将专业学位培养模式的要素定义为培养目标、入学形式、培养方式以及质量控制四个方面，并从内涵、培养目标、培养方式以及质量控制四个方面比较了专业学位与学术学位培养模式方面的不同[53]。

（4）关于不同区域的研究生教育。

有学者以某国家或某地区的研究生教育为研究对象，总结出该地区的研究生教育特点并与其他国家和地区进行比较。如 McGuineess 将欧洲集成的教学模式与美国的教学模式进行比较[54]。Schiller 和 Liefner 运用理论研究和实证分析的方法对泰国 5 所大学的研究生教育及其基金改革现状展开研究[55]。Hazelkorn 和 Moynihan 实证研究了爱尔兰的教育政策和财政政策对爱尔兰科技大学研究生培养的影响作用[56]。王中华总结了美国研究生教育形成的招生制度、课程制度、教育评估制度等研究生教育制度[57]。贾云鹏提出我国研究生教育资源地域分布的准确特点是差序格局而非阶梯分布或中部凹陷,这样的分布特点主要是由教育功能的变化、国家政治的干预和地方文化的推动而形成的[58]。解希顺从中韩两国研究生教育体系的发展和现状的比较中,分析两国的研究生教育状况的异同[59]。

通过回顾有关高等教育和研究生教育的国内外文献,可以看出国内外对高等教育和研究生教育的研究主要集中在对教育模式、教育系统要素及构成等概念框架的辨析与构建上,且国内外学者也越来越多地关注实践问题而非学理研究,采用了实证研究、模型建构、案例分析等多种研究方法。在关于我国高等教育及研究生教育现状方面,国内外许多学者分别从层次结构、类型结构、学科结构和区域结构等方面展开研究。虽然在大多数关于高等教育和研究生教育的文献中,教育质量并不是其研究的直接对象,而是研究某一社会、经济、文化问题或者其他相关问题的时候将这些问题和教育质量联系在了一起,但可以看到高等教育及研究生教育的质量已经成为教育界内外专家学者普遍关心的焦点,相关研究已成为近一段时间内非常突出的热点问题。

1.4.2 质量管理

研究生教育质量管理与其他产品、服务或流程的质量管理有许多共性,因此在进入对研究生教育质量的相关文献梳理之前,还需要对关于质量和质量管理方面的研究文献进行梳理和归纳。

1. 质量的概念

质量往往被与消费者的感知联系起来[60,61]。国际标准化组织(International Organization for Standarization,ISO)的 ISO 8402 质量管理体系标准中对质量(quality)的定义为"一组固有特性满足要求的程度",ISO 9000 质量管理体系标准的质量术语定义中认为质量是"活动、过程、产品或组织、体系、人等要素及其组合满足明确或隐含需要的能力的特性之总和"[62]。我国国家推荐标准 GB/T 6583 中对质量的定义与国际标准化组织中的定义基本一致,为产品、过程或服务满足规定或潜在要求(或需要)的特征和特性总和[63]。长期以来,随着经济和社会的发展,质量的概念也在不断地丰富和发展,主要经历了以下三个阶段:

(1)20 世纪早期的质量概念。

早期的质量概念即要符合产品的设计要求,达到产品的技术标准。早在 20 世纪初,美国著名的质量管理专家 Philip B. Crosby 提出,质量即意味着对于规范或要求的符合，与卓越、优秀等概念并不相同。在这个定义中，产品或服务的质量等同于全部可测量的满足标准的特征参数，合乎规范即意味着具有了质量，而不合格自然就是缺乏质量[64]。这种质量的定义以现行规范的程度作为衡量依据，直观具体，具有很强的操作性；但它仅从生产者的立场出发，只能静态地反映产品的质量水平，忽视了顾客的各种需求和期望，更没有用发展的动态的眼光来察觉产品质量和顾客需求的动态变化。

（2）20世纪中期的质量概念。

随着市场竞争的日趋激烈和生活水平的日益提高，许多符合设计要求达到规定标准的产品却不一定能够被顾客所接受。20世纪中叶，美国著名质量管理专家朱兰（Joseph M. Juran）提出了适用性质量的概念，他将质量定义为一种"适用性"或"合需要性"，认为"适用性"或"合需要性"就是产品使用过程中成功地满足顾客要求的程度，由于产品的最终用户对"规定的质量"不一定非常了解，因此对顾客来说质量就意味着产品在交货时或使用中能满足他的需要的程度[65]。与"合规定"的质量相比，"适用性"的质量的定义不但将视角转移到顾客的立场上，同时还具有了动态的意识，反映了顾客不断更新的对质量的感觉、期望和利益。

（3）20世纪后期的质量概念。

20世纪90年代以后，桑德霍姆（L. Sandholm）[66]、费根堡姆（A. V. Feigenbaum）[67]等一批著名专家提出的"全面质量"的概念逐渐被世界认同。全面质量不仅指最终的产品质量，还包括与产品有关的一切过程和整个系统的质量，它涵盖产品的整个生命周期，具有很强的实效性，强调组织应根据顾客对于组织及其产品、过程和体系不断变化的要求和期望，而相应地改进产品、过程和体系的质量。"全面质量"概念的产生是源于人本管理的理念，现代经济生活中不同顾客的价值观不同，这就决定了不同顾客可能对同一产品的质量要求不同，满意程度也不同。

2. 质量管理与质量保障

国际标准化组织在ISO 9000质量管理体系标准中，将质量管理概括为一个流程，流程中包括"确定质量方针、目标和职责，在质量管理体系中通过诸如质量策划、质量控制、质量保证和质量改进使其实现"[68]等方面的许多相互关联的活动。在这一定义中，可以看到质量管理首先应该是最高管理者的职责，由最高管理者制定质量方针、目标和职责之后，层层传递至各级管理者及所有基层工作人员。进入全面质量管理（total quality management，TQM）的时代之后，质量管理的定义扩展到"全员参与"的概念，组织中的所有成员都需要参与到质量管理的活动中来，追求更卓越的质量，以提高组织内部员工和外部顾客满意度为目标，并最终实现组织的永续发展。

质量保障（quality assurance，QA，也译作质量保证）是一个含义广泛的术语，不仅包括质量评估，还包括其他所有用来改善和提高质量的活动。美国质量管理学家朱兰（Joseph M. Juran）认为："质量保证是对所有有关方面提供证据的活动，这些证据是为确立信任所需的，表明质量保证职能正在充分地贯彻着。"[69] 在ISO 8402质量术语标准中对质量保障的定义为，为内部管理者和外部顾客提供信任，表明实体能够满足质量要求而在质量体系中实施并根据需要进行证实的全部有计划和有系统的活动[70]。Bandab认为，质量保障是指评估与评价的过程以及由此引发的一系列与质量实施有关的行动，以确保所期望的教育质量水平得到改善[71]。马万民指出，质量保证的核心问题是为用户、第三方、本组织最高管理者提供足够的信任，由于目的不同，质量保证分为内部质量保证和外部质量保证，内部质量保证是为了使本组织最高管理者对组织具备满足质量要求的能力树立的信任所进行的活动，外部质量保证经常用于合同环境[72]。

3. 质量管理的发展阶段

质量管理起源于20世纪初，在它的发展历史上先后经历了质量检验、统计质量控制和全面质量管理三个发展阶段：

（1）质量检验阶段。

许多专家学者将20世纪初到20世纪40年代定义为质量检验阶段，这一时期人们对质量管理的认识仅仅停留在产品生产出来后的检验，其代表人物是早期科学管理的创始人泰勒（F. W. Taylor）。为适应工业革命后产品的设计和工序日益复杂以及大生产的要求，泰勒推行了精细的专业化分工，专门将部分工人挑选出来组成一个部门，依据一定的标准和要求对生产出来的产品进行检验[73]。泰勒的这种事后检验方法虽然有其局限性，但是也标志着质量管理逐渐从经验走向科学。

（2）统计质量控制阶段。

许多专家学者将20世纪40年代到20世纪60年代定义为统计质量控制阶段，这一阶段的特点是，管理人员开始着手分析生产过程，利用数理统计原理和各种控制图方法对影响质量的各种因素进行控制。在这一时期，休哈特（W. A. Shewhart）首先提出了"6 西格玛（6σ）"的方法，并在 1931 年出版的《工业产品质量的经济控制》中推出了管制图（Shewhart control chart，又称休哈特控制图）工具[72]；同一时期由贝尔研究所的学者道奇（H. F. Dodge）和罗米格（H. G. Romig）提出了"道奇—罗米格抽样方案"，以对大批量产品生产中的不合格品率进行统计，最终"休哈特控制图"与"道奇—罗米格抽样方案"成为统计质量控制阶段的标志性成果。"二战"后，统计质量控制的方法在国防军工等方面的制造业上广泛应用，美国国防部于 1941—1942 年期间连续制定了三套军用标准：AWSZ 1.1《质量管理指南》、AWSZ 1.2《数据分析用控制图法》、AWSZ 1.3《生产过程质量管理控制法》[74]。尽管统计质量管理的采用收到了很大成效，但由于它过于强调数理方法，给它的进一步普及造成了一定障碍。

（3）全面质量管理阶段。

20 世纪 60 年代至今则被定义为全面质量管理阶段。美国质量管理专家朱兰（Joseph M. Juran）提出了全面质量管理概念，并为这一概念的推广和应用做出了卓越的贡献，他认为全面质量管理包含质量策划、质量控制和质量改进三个环节，且缺一不可。美国通用电气公司的质量管理专家费根堡姆（A. V. Feigenbaum）在 1961 年出版的《全面质量管理》一书中首次提出了质量体系的概念，并定义全面质量管理（total quality management，TQM）体系为"充分考虑客户需求并在最经济的水平上展开设计、生产等服务，把企业各部门质量保持和质量改进等活动构成一体的有效体系"[75]。从该定义中可以看出，全面质量管理强调以组织为中心，全员参与，通过满足组织内外的相关者而使组织保持长期的成功。

4. 全面质量管理的工具

虽然全面质量管理的概念和思想起源于美国，但该理念早期在美国的推广并不顺利，而在日本被广泛认同和接受，并且在这一理念之下演化出具有日本特色的质量控制（quality control，QC）小组，使得当时日本的某些产品在公众心目中的质量水平甚至超越了美国。在这样的情况下，全面质量管理的理念又得到了美国质量管理学者的重视。美国质量管理专家戴明（W. Edwards Deming）通过对日本产品崛起这一现象进行研究，指出其根本原因正是全面质量管理，因而在该理念之上提出了"戴明环"（plan – do – check – action，PDCA）循环模型，通过计划—实施—检查—行动四个步骤的逻辑使得质量管理工作得以开展。于是全面质量管理在20世纪80年代末又在美国得到了大范围的应用,在美国经济发展中发挥了显著作用。随着全面质量管理中全面质量改进的概念不断丰富,如折线图(line chart 或 line graph)、雷达图(radar map)、气泡图(bubble graph 或 bubble diagram)、柱状图(histogram 或 bar graph)、饼图(pie chart 或 pie graph)、直方图(column diagram)、流程图(flow chart 或 flow graph)、因果图(cause and effect diagram 或 fishbone diagram 或 Ishikawa,又称鱼骨图或石川馨法)等质量改进活动常用的统计工具和技术也陆续被研发出来。

在全面质量管理的指导思想下,有"6西格玛(6σ)"、ISO系列标准等具体质量管理工具。6西格玛(6σ)管理模式主要针对企业生产流程及绩效的改进,原意为"6倍标准差",在质量上表示次品率低于百万分之三点四,通过对过程的精确控制达到控制产品质量的目的。ISO 9000系列标准是国际标准化组织发布的ISO 9000(基础和术语)、ISO 9001(要求)、ISO 9004(业绩改进指南)、ISO 19011(质量和环境管理体系审核指南)等一套标准体系,目前已被世界上大部分国家和地区广泛接受并越来越受到重视。Grabner 和 Nothhaft 等学者指出,目前质量功能展开(quality function deployment,QFD)已成为全面质量管理活动的重点之一,它通过一系列系统设计与技术转换更新了人们的质量管理观,将过去"质量是制造出来的"观念,转变为"质量是设计出来的"[76]。我国学者杨明顺等也分析了6σ定义阶段存在的主要弱点,提出通过QFD工具将各个问题对顾客的重要度反映出来,用集成QFD/FMEA模型进行问题的选择和确定[77]。赤尾洋二提出了质量功能展开在ISO 9000和ISO 14000等应用中的有效性,提出引入质量功能展开方法有助于明确须优先保证的要素,建立真正有效的质量管理体系[78]。Freidina 和 Botvinnik 等人也认为质量功能展开方法与ISO 9000的结合在产品周期、开发技术等方面的应用,使得顾客需求与产品质量之间的关系进一步明确,从而提高了管理的有效性[79]。

通过对关于质量管理的国内外文献进行回顾可以看到,随着质量的观念深入到各领域的生产和服务活动中,质量已经成为企业或组织核心竞争力的重要组成部分,关于质量和质量管理的概念和相关理论也得到了极大的丰富。进入全面质量管理(TQM)阶段后,全面质量管理以质量为中心、以全员参与为基础、以顾客需要和期望为驱动力、以让组织内外所有顾客和雇员甚至整个社会受益最终达到永续经营为目的的思想已经渗透到我们社会、经济生活的方方面面。在全面质量管理理论体系之下出现了各种质量改进活动常用的统计工具和技术，相关质量管理模式或工具的应用领域已经扩展到许多行业领域。近20年间几乎所有对研究生教育质量管理进行研究的学者都或多或少地受到了现代质量管理理论的影响，早在1985年美国已有两所大学开始应用全面质量管理，而到了1990年发展到有78所美国大学都在采用全面质量管理[80]，Stark和Lowther[81]、Lewis和Smith[82]等学者也将全面质量管理的思想结合教育管理的实际情况进行了改良，强调通过全员参与实现教育质量的不断提升。目前已有许多国内外的研究者从管理学和质量管理的角度出发，结合教育领域的实际问题进行了理论研究和实证研究。接下来将对国内外学者在高等教育质量管理和研究生教育质量管理方面取得的一系列研究成果进行回顾和总结。

1.4.3 研究生教育质量管理

由于研究生教育及其教育质量的重要性，英国、美国、日本等世界发达国家都将研究生教育摆在十分重要的位置，我国也非常重视研究生教育及其质量的发展。《国家中长期教育改革和发展规划纲要（2010—2020年）》中提出要"促进高校、科研院所、企业科技教育资源共享，推动高校创新组织模式，充分发挥研究生在科学研究中的作用，完善以创新和质量为导向的科研评价机制"。[83]在研究生教育高速发展的同时，如何更好地认识研究生教育及研究生教育质量的概念及其内涵，从而更有效地对研究生培养过程及培养质量进行管理，促进我国研究生教育的快速、健康、可持续发展，已成为社会各界关注和研究的重点。

1. 研究生教育质量的概念

我国国内对研究生教育质量的相对较为权威的定义来自《中国学位与研究生教育发展战略报告（2002—2010）》，其中将我国研究生教育质量定义为"研究生教育系统所提供的服务满足社会需要的程度"[84]，这一定义可分为广义和狭义两层概念：在广义上包含创造知识、推动科技进步等学术性方面的功能，以及应用知识推动社会进步等社会服务性方面的功能，还有满足教育者的受教育需要及其他个性需要等个人自我实现方面的功能；在狭义上则仅指培养出的人才是否达到学位标准和要求，以及是否对社会做出了应有的贡献。王孙禺等学者认为研究生教育质量包括研究生的学位论文质量，以及其学术水准、创新能力和文化水平等方面[85]。李立国将广义的研究生教育的质量扩展到了创新能力、道德素养及团队精神等方面[86]。

潘武玲认为研究生教育是在特定的环境和背景下，其本身所固有的，满足研究生个人、社会以及学科发展明显或隐含需求的一组特性或特征的总和[87]。

2. 高等教育的质量观

随着高等教育的发展和日渐普及，教育质量的重要性随之提升。联合国教科文组织于1995年采用政策性文件的形式指出："高等教育中的质量问题，已经成为人们特别关注的问题。"[88]李岚清认为："研究生教育必须牢固地树立起质量第一的观念，在提高研究生质量上下功夫。"[89]周济也指出："研究生教育是一个国家最高层次人才培养的主要途径，代表着一个国家高等教育的最高水平，因而研究生教育的水平也往往是国际上衡量一国高等教育水平及评价一所大学水平高低的关键。"[90]在我国高等教育大众化和研究生扩招的同时，如何维持和提升培养质量是亟待解决的现实问题。要考察高等教育的质量，首先要从高等教育的质量观入手。高等教育质量观是人们对高等教育质量的判断。高等教育质量是否满足了客体的需要，满足的程度如何，都受到高等教育质量观的制约和影响。从事高等教育研究的专家和学者在日常的工作和研究中，各自形成了对高等教育输入、输出和过程功能的不同认识，从而转化成为各自对高等教育质量的认识。

从研究高等教育质量的文献中看，国内外已有很多专家学者分别从不同角度和层次对高等教育的质量进行了定义，为我们拓宽了对高等教育的质量进行研究的视角。本研究对各质量观的代表性学者及其观点进行了归纳，具体如表1-2所示。

表1-2 高等教育质量观研究情况

质 量 观	专家学者	主 要 观 点
产品导向	Torsen Husen（1987）、熊志翔（2002）等	学生作为高等教育的产品，可以通过衡量高校产出的人才是否符合用人单位的需求来衡量高等教育质量
服务导向	Houmboldt（2007）、Wallace（1999）、Canic & McMarthy（2000）、刘俊学（2001）等	大学的任务是进行智力训练和提供整合知识的服务

续表1-2

质量观	专家学者	主要观点
目标导向	Johnson & Chalkley (1994)、Tarrou & Lise (1999)、戚业国 (2002)、陈玉琨 (1997) 等	离开目标谈质量是不实际的,因此高等教育的质量应与其目标相一致
顾客导向	Parasurament et al (1985)、Buzzell & Gale (1987)、Guaspari (1991)、潘懋元 (2001)、陈磊和肖静 (2005) 等	学生需要的程度就已然成为衡量高等教育质量的新标准
时代发展	纳伊曼 (1982)、房剑森 (2001)、王洪才 (2002)、马万民 (2007) 等	随着社会经济的发展,对高等教育的需求也会发生改变,在适应需求的基础上还应引领需求
多元复合	房剑森 (2000)、潘懋元 (2001)、刘俊学和袁德平 (2004) 等	高等教育质量是一个多维的复合概念,其标准应是适应性、多样性和发展性的统一

资料来源:根据相关文献资料归纳整理而成。

(1) 产品导向的高等教育质量。

持这一类质量观的专家学者将学生作为高等教育的产品,认为可以通过衡量高校产出的人才是否符合用人单位的需求来衡量高等教育质量。如 Husen 提出教育质量是针对作为"教育产品"的学生而言的,教育质量是通过满足学生个体发展和社会发展要求来体现的[91]。我国学者熊志翔也认为高等教育的首要任务是"生产"劳动力市场紧缺的人才产品,高等教育的质量体现在毕业生在实际工作中所表现的能力[92]。这种将学生视为产品的教育质量观仅存在了较短暂的一段时间,因其显而易见的片面性,影响范围非常有限。

(2) 服务导向的高等教育质量。

早在19世纪,学者纽曼 (Newman) 就提出,大学是保存和传输知识的场所,其任务是提供博雅教育 (liberal arts education) 和进行智力训练,因而大学不应局限于特定专业领域,而应该提供整合知识的服务[93]。德国著名教育学家 Houmboldt 也认为大学的主要工作在于探求真理,大学应该是从事科学研究的机构,高等教育的质量更多地取决于培养的过程以及师资水平等因素,而非学生的成绩或表现[94]。服务导向的教育质量观的影响范围很广,它突出强调了高等教育中的知识传导过程及学术水平和学习气氛,在后来其他教育质量观陆续发展之后，仍然经常被综合地加以应用。如 Wallace 认为虽然高等教育的顾客是学生，但这一称呼有可能会引起一系列影响高等教育质量评定的误解[95]。Canic 和 McMarthy 认为虽然高等教育应该以服务质量为导向，虽然学生是顾客，但不能完全以满足学生的需求为目标[96]。刘俊学也将高等教育质量定义为高等教育服务的质量[97]。

（3）目标导向的高等教育质量。

许多学者认为，离开目标谈质量是不实际的，因此高等教育的质量应与其目标相一致。例如 R. J. Johnson 和 B. Chalkley 明确提出，应该用当初所设定的相应目标来衡量教育教学的质量[98]。Tarrou 和 Lise 认为应考虑不同水平和层次的高等教育机构，构建一个分为学术结构（traditional academic structures）、学术支持结构（academic structures of support）、非学术结构（non academic structures）三个层次的高等教育质量体系[99]。我国学者戚业国也提出应该按学校类型来制定不同教育质量目标：研究型大学应坚持学术质量观，一般本科院校应坚持社会需要导向的高等教育质量观，普通专科教育应坚持个人选择导向的高等教育质量观，社会办高等教育可以坚持市场需要导向的质量观[100]。陈玉琨将质量目标分为三种：内适性质量观，即人才培养符合教育系统内部制定的质量标准；外适性质量观，即人才满足和适应社会要求；个适性质量观，即教育促进个人的身心充分发展[101]。

（4）顾客导向的高等教育质量。

结合服务导向的高等教育质量观，Parasurament 等人认为，顾客是判断服务质量的唯一评委，而顾客对服务质量的感知取决于他的期望水平与实际水平之间的差异，当实际水平高于期望时则服务质量高[102]。Buzzell 和 Gale 指出，顾客感觉中的质量才是最重要的，应依照顾客的主观看法来设计产品或服务的质量[103]。Guaspari 也认为产品的质量最终取决于顾客的感知，当顾客认为产品达到了他们的希望时，就可以说该产品的质量好[104]。潘懋元从高等教育顾客也即人才培养的角度，从知识、能力和全面素质方面来评价高等教育质量[105]。陈磊和肖静指出，在高等教育大众化的时代，高校学生的需求决定了高等教育的生存和发展，因此满足其需要的程度就已然成为衡量高等教育质量的新标准[106]。

（5）时代发展观的高等教育质量。

纳伊曼提出大学的前途取决于两个方面，一是它与社会的关系，也即大学适应当前社会的能力；二是它在超越对社会的适应后，还要发挥出超越当今社会的创造性和革新的作用[107]。房剑森指出，随着时代的发展，高等教育质量从"合格产品"发展到"用户满意",从数量型发展到质量型,从学术性质量转向应用性质量[108]。王洪才认为,大众高等教育时代,高等教育质量标准从单边型向适应不同利益群体的需求多样性转化是高等教育质量观变化的基调,各个利益主体获得均等参与高等教育质量标准制定权是这一变革的实质,高质量的标准较好地实现了各利益主体之间的利益均衡[109]。马万民从高等教育质量发展的阶段性特征中总结出三个阶段中不同的高等教育质量观:"符合规定性"的质量观、"符合需要性"的质量观、"符合创新性"的质量观[110]。

(6) 多元复合的高等教育质量。

房剑森认为,高等教育质量是一个多维的复合概念,其标准应是适应性、多样性和发展性的统一,除了发展性质量之外,适应性和多样性也应该是高等教育质量的衡量标准[111]。潘懋元提出高等教育质量是多层面的,因此要考虑多样性,避免用一个统一的尺度来衡量高等教育质量[112]。刘俊学和袁德平认为高等教育作为一个复杂的特殊的系统,对高等学校而言应侧重评价高等教育服务质量,而对求学者个人而言应侧重评价人才培养的质量,因此从整体上看,高等教育质量是"服务质量"与"产品质量"的辩证统一[113]。

3. 教育质量管理模式

目前国际上许多教育较为发达的国家已在各国高等教育发展的历程中形成了特定的研究生教育质量管理模式,已有许多国内外学者就此展开研究。可以将目前教育发达国家的高等教育质量管理模式分为三种类型:大陆模式(政府部门主导型)、美国模式(中介组织认证型)和英国模式(大学自我管理型),三者各自的性质特点对比如表1-3所示。

表1-3 高等教育质量管理模式研究情况

模式	特点	主导者	代表国家
大陆模式	政府对大学进行严格控制,大学的自主权很小;高等教育质量保障是从高等教育系统外部开始的,外部质量保障的作用尤其被强调	政府部门	欧洲大陆国家如荷兰、法国、芬兰、瑞典、德国等及亚洲国家如中国、韩国等

续表 1-3

模　式	特　点	主　导　者	代 表 国 家
美国模式	质量评估由各级专门机构与民间组织发起，具有非官方性、权威性；政府在不干预学校自主权的前提下，进行教育经费的分配；学校依据评估结果向政府提出自己的要求	社会机构	美国
英国模式	政府通过经费拨款干预教育活动，社会机构通过评估保障教育质量，学校内部强调全体员工的参与，极端重视高等学校教学的绩效指标	政府、社会及高校三者合作	英国和英联邦国家如新西兰、澳大利亚等

资料来源：根据 Stanley & Patrick[114]、徐景武[115]、王道红[116]、陈玉琨[117]、陆震[118]等人的研究文献整理而成。

目前国际上存在的三类高等教育质量管理模式，主要在政府介入质量管理活动的程度、社会机构质量管理作用的发挥及高校内部质量管理活动的实施三方面有较明显差异。

（1）政府介入质量管理活动的程度。

在大陆模式下，高等教育严格处于政府的垄断控制之中，多采用评估的方式，政府渗透于评估指标的确定、信息的收集、最终结论的给出等整个过程中。而在美国模式中，政府不直接干涉评估活动，不制定全国统一的质量保障政策，但这不意味着政府完全放任高校发展，而是通过教育经费的分配等方式来宏观管理。而英国模式则介于两者之间兼具两者的特点，通过建立高等教育质量保证局（Quality Assurance Agency，QAA）来间接地监督和保障高等教育质量，同时也将评价结果与拨款挂钩，实现"自治"与"公共"的双轨并行，高校与外部行政权力互不干涉。

（2）社会机构质量管理作用的发挥。

大陆模式下的社会中介结构往往受制于政府，甚至是依存于政府、代表政府行使权力，其评估的标准和全过程完全取决于政府的意愿和价值取向，其本应发挥的协调、咨询等作用则仅占很小的一部分。而美国模式下的民间力量非常活跃，美国高等教育外部质量管理和质量保障体系最大的特点是其认证（accreditation）和认可（recognition）系统，目前有 8 大区域性的院校认证机构、4 个宗教性质的院校认证机构以及 7 个专业性院校认证机构负责进行高等院校的整体认证，还有 60 余个专业性的认证机构负责对高等院校的相关专业进行认证，且通过美国高等教育认证委员会（Council for Higher Education Accreditation，CHEA）和美国联邦教育部（USDE，U. S. Department of Education）共同评价和认可的过程来保障这些认证机构有资质。英国的外部质量管理和质量保障主要由一个全国性的非官方独立组织——高等教育质量保证局（QAA）来统筹管理，但它是由高校内部质量保障系统中的大学校长委员会（Committee of Vice-Chancellors and Principals of the Universities of the United Kingdom，CVCP）建立的，因此也秉承了高等教育质量保障委员会（Higher Education Quality Council，HEQC）和高等教育基金委员会（Higher Education Fund Community，HEFC）成员组成及规则标准，高等教育质量保证局（QAA）虽然不受制于政府，但也在一定程度上代表了政府的意愿。

（3）高校内部质量管理活动的实施。

在大陆模式下，各高校都依据政府统一制定的标准和规章政策来开展内部治理，因此各高校的内部质量保障措施大同小异，差别不大。在美国模式下，为了通过公开的认证认可及其他的外部质量保障手段并获得政府的经费资助，各高校都在内部课程之间制定了严格的条目来进行自我检查，这需要耗费大量的人力、财力和物力。而英国则创新性地采取了聘请校外督察员的措施来保证高校质量，校外督察员不代表政府或高校，只代表公众来监控高校日常的运行与教学质量。

4. 教育质量评价标准

质量一般是相对于标准和评价而言的，Martin Trow 认为教育的标准问题实际上反映了教学与研究的质量问题[119]，因而对研究生教育质量进行测评的过程，同时也是对研究生教育质量的要素构成进行定义的过程。Shore 和 Wright 指出，在管理主义思潮的冲击下，高等教育领域的"绩效""质量保障"等词汇都要与"基准"一词联系[120]。各级各类高等教育，其功能和活动有所不同，应当有不同的质量标准。1998 年巴黎世界高等教育大会《21 世纪高等教育展望和行动宣言》（*World Declaration on Higher Education for the Twenty-first Century: Vision and Action*）提出："应建立独立的国家评估机构和确定国际公认的可比较的质量标准。但对学校、国家和地区的具体情况应予以应有的重视，可以考虑多样性和避免用一个统一的尺度来衡量。"[121]

对于高等教育质量评价的维度，国内外学者也根据各自不同的高等教育质量观从不同角度建立了许多指标体系。有学者采取的是教育服务质量观，如 Mohammad 和 Elaine 认为高等教育的质量实际上是高等教育服务的质量，所以评价高等教育的质量应考虑服务设施、服务能力、服务内容、服务态度和服务过程及其可靠性等六个方面[122]。Oldfield 和 Baron 则认为高等教育质量包含必备性、合意性和功能性[123]。也有学者从符合标准的教育质量观出发，如王伟廉提出从以下五个范畴评价高等教育质量：市场标准与学术标准、长远利益标准与当前利益标准、针对性标准与适应性标准、适应性标准与创造性标准、道德标准与才能标准[124]。还有许多学者持综合多样化的质量观，胡子祥从设施设备、后勤、形象、内容、过程、情感、可靠性、社会实践、就业服务等九个维度评价高等教育质量[118]。

随着对高等教育质量研究和理解的不断深入，越来越多的学者意识到教育作为一种目标明确的生产和服务活动，其质量是一个存在于学生、高校、社会等高等教育消费者心目中的主观的概念。因此也有学者倾向于采用服务导向的教育质量观，认为对教育质量进行评价也离不开相关者对其教育过程、产出结果和目标实现程度的主观评价。如与芬兰学者 Gronroos 提出的"消费者感知"理论一样，服务质量取决于消费者期望的质量水平与其实际体验并感知到的质量水平两者的对比，因而质量应该根据顾客对于服务的感受与其期望之间的差距来定义[125]。Lindqvist 的研究也发现顾客对服务质量的评价不仅限于服务中的具体行为，价格水平、信息提供及组织运行等方面也都是重要的评价指标，因而他指出组织的基本使命就是满足顾客的需要[126]。石邦宏等则认为，在消费者的需求与偏好决定了研究生教育质量的核心变量的当下，能够有效吸引和满足顾客的将是质量中的特色和个性[127]。施晓光认为，判断高等教育质量的标准需要选择合适的目标并以卓越或一流为标准，通过持续的质量改进以满足高校内外顾客的要求[128]。

5. 教育质量影响因素

影响研究生教育发展的因素可以分为宏观和微观两个层面，国内外的专家学者分别从这两个层面进行了研究。本研究对各层面的学者代表及他们提出的影响因素进行了归纳，具体如表1-4所示。

表1-4 研究生教育质量影响因素研究情况

研究层面	专家学者	影响因素
宏观	George Vernardakis（2001）	研究生培养的模式、管理方法等方面
	William O. Brown（2001）	学生培养、教育制度、教育支出和教师质量
	张培丽（2009）	经济发展阶段、人口数量和结构、就业状况、科技教育支出、师资条件和国民教育结构等
	周太军和马桂敏（2005）	国内生产总值、人均国内生产总值、普通高校入学人数等
	张建功和孙飞燕（2008）	专职教师数量、经济发展、教育支出投入、人口数量、本科毕业生人数
微观	龚怡祖（1998）	专业设置模式、课程体系状态、知识发展方式、教学计划模式、淘汰模式等
	胡玲琳（2004）	高校的培养目标、入学形式、培养方式、质量评价等
	张林英等（2009）	教师教学和教学环境因素，学生因素（学习动机、学习行为）

资料来源：根据相关文献资料归纳整理而成。

（1）宏观层面。

许多学者认为一国的研究生培养规模和质量情况与该国政治、经济、科技、人口等外部的宏观因素有关，如美国学者 Vernardakis 以比较研究的方法，通过对英国、法国、美国研究生教育的考察，提出研究生培养的模式、管理方法等方面共同影响着研究生教育发展[129]。Brown 通过对比英美两国的研究生教育发展历程，提出学生培养、教育制度、教育支出和教师质量之间存在密切关系[130]。张培丽考察和分析了美国、日本和韩国研究生教育历程，提出研究生发展同经济发展阶段、人口数量和结构、就业状况、科技教育支出、师资条件和国民教育结构等因素直接相关[131]。李莹和陈学飞通过对历史数据的观察，提出我国研究生教育的跨越式发展，得益于国家经济实力的迅速增强、政府的强力支持、社会的巨大需求以及高等教育自身的快速发展和培养能力的提高等因素[132]。现已有一定量的研究支持以上观点，如周太军和马桂敏通过对研究生教育规模变动与国内生产总值、人均国内生产总值、普通高校入学人数等因素的相关分析，提出研究生教育规模的扩展是在经济发展、教育政策、人口情况、本科教育规模等因素综合或是在某一因素起关键作用下产生的[133]。张建功和孙飞燕通过主成分回归分析方法，得出对影响研究生培养的因素按照作用大小进行排列依次为：专职教师数量、经济发展、教育支出投入、人口数量、本科毕业生人数[134]。

（2）微观层面。

也有许多学者从学校内部的角度出发，考察研究生培养模式和培养过程中的微观因素对研究生教育的影响。关于培养模式所包含的要素，学界的观点也不尽相同。由于没有一个统一、公认的定义，每位学者在进行培养模式研究时，都根据自己的理解和需要，对其要素进行了不同的划分。如龚怡祖认为专业设置模式、课程体系状态、知识发展方式、教学计划模式、教学组织形式、非教学或跨教学培养形式、淘汰模式等是培养模式的重要方面[135]。赵丽提出培养模式应该朝多样化的方向发展，其实现条件就在于学位类型、办学模式、导师指导以及质量保障等等方面的多样化[136]。胡玲琳提出影响高等教育质量的因素主要有高校的培养目标、入学形式、培养方式、质量评价等方面[137]。姬建峰提出现阶段我国的高等教育应以资源配置方式的改善或高校内部结构的调整为基础，以培养更多的适应社会发展需要的人才或生产更多创造性知识来获取社会收益[138]。何振雄结合自己工作实践中所了解的高校培养模式，提出应将现有的培养模式进行整合、重构以及序化，制订科学的培养方案[139]。张林英等用实证的方法研究高等教育教学系统因素在教学质量形成中的作用及其相互作用机理，并提出除传统关注的教师教学和教学环境因素外，学生因素（学习动机、学习行为）对最终学习结果具有较大影响作用[140]。

6. 教育质量保障模式

20世纪80年代中期，西方工业化国家兴起了波及全世界的高等教育质量保障活动。同一时期，联合国教科文组织将"高等教育质量"列入其中期规划和双年度计划中，并成为联合国教科文组织计划中一直以来不变的主题。在高等教育质量保障运动的推动下，各国的高等教育评估组织于1991年创建了"国际高等教育质量保障机构网络"（International Network for Quality Assurance Agencies in Higher Education，INQAAHE），通过收集并传播有关高等教育评估、质量改进与保证的最新理论和实践的资料，实现信息共享，促进国际交流。迄今为止，共有来自76个国家和地区的141个评估机构或大学加入该组织。

许多国内外学者都在高等教育质量保障系统的基础上进一步将其细分为内部保障和外部保障两个子系统。内部保障的优点是可以较好地坚持大学的教育理想,但如果处理得不好则易脱离社会现实,变成"为教育而教育"。外部保障的基本特点是由国家和社会来执行,因而可以更好地保证高等学校的毕业生能够较好地适应国家、社会、市场的需求,但如果处理得不好,则可能在一定程度上抑制高校办学的自主性和积极性。因此,各国的高等教育质量管理模式都将内部保障与外部保障有机结合起来[141]。本研究对高等教育的内外部质量保障模式的代表学者及他们的研究内容进行了归纳,具体如表1-5所示。

表1-5 研究生教育内外部质量保障模式研究情况

研究领域	专家学者	主要内容
外部质量保障	Ikenberry（1997）、万毅平（2003）、Brumbaug（1949）、Hagerty & Stark（1989）、李延成（1998）、熊耕（2002）、张振刚（2007）等	探讨各国,尤其是英国、美国等教育发达国家的高等教育外部质量保障系统运行制度和特征
内部质量保障	Schwarz & Teichler（2000）、何燕茹（2002）、白丽金等（2003）、董丽敏和张思东（2006）、武晓维和李勇（2004）等	关注于高等教育的内部质量保障运行制度和特性,其主要表现是学校的一切学术标准的制定、实施、监督和判断通常由教职人员做出

资料来源:根据相关文献资料归纳整理而成。

(1) 外部质量保障。

在对外部质量保障的研究上,由于英国、美国等教育发达国家拥有悠久的高等教育历史,且这些国家的高等教育质量保障系统都已经存在并经历了将近100年的发展,各自形成了一套较为独特的制度,因此许多国内外文献都对英国、美国等国教育质量保障系统进行研究,如Ikenberry、万毅平等国内外学者将认证和认可作为美国高等教育外部质量保障的主要特色,展开了广泛的研究和探讨[142,143]。美国高等教育认证委员会主席Judith S. Eaton对美国认证机构的类型、认证的作用和价值、认证认可的运作、认证认可标准等进行了详细介绍[144]。Brumbaug总结了美国认证机构的目的和作用,介绍了认证的主要程序,探讨了认证机构所存在的问题,提出了若干改革建议[145]。Hagerty和Stark通过对美国346所大学从事建筑学、工商管理学、教育学、工学、新闻学、法学、图书馆科学、护理学、外科学和社会工作学等10种专业学位教育的2 217名教师的问卷调查发现,极少数专业认证机构将教育绩效列入认证标准,建议专业认证机构加大对专业学位教育人才输出的评估力度[146]。国内学者如李延成回顾了美国高等教育认证制度的产生背景,并介绍了美国高等教育认证制度的目的、功能、标准和程序[147]。熊耕分析了美国高等教育认证制度的起源及其动力机制,总结了美国高等教育认证制度的功能和特点[148,149]。张振刚基于系统理论,指出美国高等教育认证和认可系统由法律系统、组织系统、标准系统和操作系统组成,归纳出其组织结构网络化、系统运作规则化、认证队伍专业化和控制过程标准化四个特征[150]。

(2) 内部质量保障。

内部质量保障更多地关注于高等教育的内部质量特性,通常在高等学校内部由教职人员管理,其主要表现是学校的一切学术标准的制定、实施、监督和判断完全由教职人员,尤其是其中的学科带头人、权威人物来做出。对于内部质量保障的研究主要集中在教育过程的各个环节上。Schwarz 和 Teichler 在介绍美国教育博士演变历程和发展现状的基础上,着重阐述了美国教育博士教学项目(Higher Education Doctoral Programmes)在招生录取、课程设置、考核淘汰、学位论文、毕业生就业各方面的具体做法,并就上述方面对学术型教育博士和专业型教育博士进行了比较分析[151]。何燕茹针对教育硕士专业学位教育所存在的问题,提出应制订能充分体现教师职业性与切实保证硕士学位研究生质量的培养方案,不断探索教学策略与教学方式,加强师资队伍建设,进而提高教育硕士专业学位教育质量[152]。白丽金等提出应不断完善组织机构,采取相关措施,加强对临床医学专业学位研究生临床能力的培养,以保证科研训练的顺利进行[153]。董丽敏和张思东指出工程硕士是一线人员提高自身学历层次和国家经济建设的需要,提出应严把招生关、科学制订培养方案、工程与实践紧密结合、工作与学习科学安排和严格考核标准等具体办法,保证工程硕士专业学位培养质量[154]。武晓维和李勇提出为提高农业推广硕士专业学位的教育质量,应从改革招生制度、优化培养方案和课程体系、改进教学方法、加强教师队伍和教材建设、正确把握学位论文要求等方面着手[155]。

7. 我国研究生教育质量的问题与对策

由于发展时间尚短,我国研究生教育质量管理系统目前尚未成熟,与欧美的教育发达国家相比存在一定差距和不足。许多学者如周学军和王战军[156]、毕家驹[157]、李三福和陈京生[158]、张云[159]等对现有的研究生教育质量保障体系的总体情况进行了点评,指出了存在于我国研究生教育中的种种问题。王战军等指出我国研究生教育评估实践存在着行政行为化、社会中介评估机构的发展空间受限及评估结果利用效率低等问题，而这些问题的主要根源在于评估主体高校缺席、评估制度存在内在缺陷、评估中的利益冲突未受重视等方面[160]。吴启迪也指出当前要尽快构建立体化的研究生教育质量保障体系，充分借鉴国外先进的评估理念、方法和技术，改进我们的评估工作[161]。

为了解决以上问题，也有许多学者如马万民[162]、凌玲[163]、杜娟和曾冬梅[164]、康宏[165]等从研究生教育质量保障体系的要素等微观层面出发提出了对策和建议。何晓华和杨德森认为我国研究生教学管理方面形成的自我评估制度，通过建立和健全自我完善、自我监督、自我约束的体系，为培养高素质人才提供了保障[166]。范德林分析了博士生在培养过程中存在的问题，并提出建立其质量保证体系的基本框架和内容[167]。有学者则强调内外部质量保障的结合，如田恩舜指出，在外部保障方面应变"统包统揽"为"多边共识"，政府只承担宏观政策调控，而社会则应从缺席到参与；在高校内部保障方面应从他律走向自律，用质量换取管理的自主权[168]。有学者在实践经验的基础上提出建议，如徐毅鹏和杨哲人从浙江省高等教育大众化的现状及发展态势出发，建议通过建立完善的高校内部教学质量监控体系、运行体系和诊断反馈体系以充分发挥高等教育保障作用[169]。还有一些学者采取了量化研究和实证研究的方法，如刘军山和孟万金[170]、徐枞巍[171]等针对研究生教育质量评估指标体系的可靠性、有效性和应用性采取了问卷调查分析。

通过对现有国内外研究的回顾和综述，我们了解到相关领域的研究现状，为后续的研究开展确定了方向并启发了思路。可以看到，在高等教育和研究生教育的教育质量管理方面，目前国内外的专家已经取得了非常丰富的研究成果，对于如何解决我国研究生教育质量中的问题也提出了许多对策建议，但仍有许多进一步研究的空间：

1）研究视角不够开阔。许多相关文献仅从单一的政府或学生角度出发来探讨研究生教育质量，鲜有在综合考虑研究生教育的其他利益相关者，在分析总体利益相关者的看法之上，又分别探讨不同利益主体的感知差异情况的研究。

2）研究内容不够全面。大多数研究是对研究生培养模式或培养过程中的某个环节、某个具体问题的理论探讨，而少有从不同角度对研究生教育质量进行分析，即只能对局部进行探讨而难以从整体上看问题。

3）研究方法不够多样。目前已有许多国外学者采用了多样化的研究方法，但在我国对国内教育领域的量化研究和实证研究则相对较少，仅有少数学者曾对保障和评估指标体系的可靠性、有效性和应用性做过问卷调查分析，大多数研究仍在问题—对策或经验—借鉴的层面上，研究的深度和力度还有待进一步加强和提升。

1.5 研究内容和方法

接下来就本研究的主要研究内容、开展研究的思路及所用到的研究方法分别进行阐述。

1.5.1 研究内容

本研究将基于质量功能展开理论和方法，围绕我国研究生教育质量进行有关研究生教育利益相关者需求、研究生教育质量特征、研究生教育质量保障等方面的研究。主要内容可以分为6章，如图1-1所示。

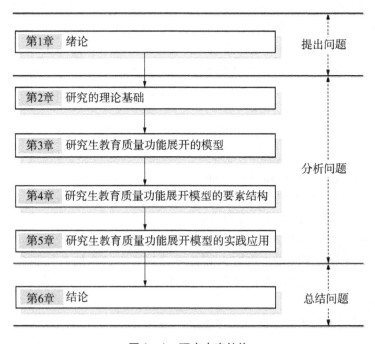

图1-1 研究内容结构

第1章是本研究的绪论部分，对研究背景进行说明之后提出研究问题、研究目的和研究意义，归纳前人已经取得的研究进展和存在的不足，说明本研究的内容结构和所用的研究方法。

第2章说明本研究的理论基础，分别在对质量功能展开理论、系统理论、利益相关者理论概念内涵和发展进行回顾的基础上进行拓展运用，为后续研究中提出的研究生教育质量功能展开模型提供理论依据。

第3章对研究生教育质量功能展开的模型进行阐述，构建模型的总体概念框架并对模型中的重要概念进行界定，详细说明模型建构的基本原理、构成部分和运算方法。

第4章分析研究生教育质量功能展开模型的构成要素，基于一定的理论基础分别对研究生教育相关者需求、质量特征和质量保障进行一阶展开和二阶展开，并通过实证研究对其进行验证。

第5章将经过验证的研究生教育质量功能展开模型应用于实践中，把握重要的相关者需求要素、重要的质量特征要素和质量保障要素，并分析由样本特征导致的差异性，对应用结果的讨论和思考得到对我国研究生教育质量管理有用的启发。

最后在第6章结论中，总结研究得到的主要结论和主要创新点，指出研究的局限性并展望未来研究开展的方向。

1.5.2 研究方法

本研究在大量阅读国内外相关文献并咨询专家学者意见的基础上，构建了研究生教育质量功能展开模型并提出各项假设，通过实证研究对模型进行检验和应用，采用 SPSS 和 AMOS 等软件对数据进行分析。主要的研究方法包括以下六种。

1. 文献研究法

通过本校图书馆及中国知网、中国期刊网、优秀硕博论文库、维普科技期刊、Proquest 数据库等渠道查阅相关中英文文献，并利用 Google、百度等搜索引擎，检索和阅读国内外研究生教育质量及利益相关者的相关研究文献，了解最新的研究成果和研究动态；通过《中国统计年鉴》《中国教育统计年鉴》等官方发布的数据，获得权威的相关信息和统计资料。

2. 理论研究法

在归纳总结国内外关于研究生教育质量管理研究文献的基础上，综合运用系统理论、质量功能展开理论、利益相关者理论等相关基础理论，沿着相关者需求—质量特征—质量保障这一逻辑思路，阐述相关者需求与质量特征之间、质量特征与质量保障之间的关系，分别对研究生教育相关者需求、质量特征和质量保障的要素构成进行分析，提出相关假设，并在专家访谈和实证研究后对研究结果进行理论解释与讨论。

3. 专家访谈法

与教育管理相关领域学者就我国研究生教育及教育质量管理中的相关问题进行访谈，征询他们对研究生教育利益相关者需求、研究生教育质量特征及研究生教育质量保障等方面要素构成和层次划分的看法，确保本研究模型建构的科学性。在开展实证研究之前，还邀请了多名长期接触研究生教育领域、对管理学有一定了解的教育管理者和研究者，就调查问卷的题项陈述及布局等方面进行了多次讨论，以保证调查问卷的清晰准确和全面。

4. 问卷调查法

在文献研究、理论研究和专家访谈的基础上设计调查问卷，在进行正式的问卷调查之前先开展小范围预测试，根据预测试结果对问卷进行完善后，对研究生教育的利益相关者开展正式的问卷调查。通过问卷调查回收到的数据，检验量表和模型的信度和效度；并将经过检验的问卷用于实证研究中，通过问卷调查获取相关者需求要素权重、质量特征要素权重和质量保障要素权重等信息。

5. 小组评价法

选取来自管理学领域或教育学领域的多位教授、副教授和博士研究生组成专家评判小组，请他们对相关者需求要素与质量特征要素的相关度及质量特征要素与质量保障要素的相关度分别进行评分。使用集值迭代法将各位专家的评分汇总，成为最终的两个相关矩阵，确定相关者需求—质量特征相关矩阵和质量特征—质量保障相关矩阵中的相关度。

6. 统计分析法

应用 Excel、SPSS 17.0 和 AMOS 17.0 等软件进行数据分析，具体而言，采用探索性因子分析方法和检验性因子分析方法，通过克隆巴赫 α 系数、因子负荷量、平均方差提取量等统计变量检验模型的信度和效度；采用集值迭代法汇总专家小组内各位专家的评分情况，得到最终的相关者需求—质量特征相关矩阵和质量特征—质量保障相关矩阵；采用独立样本 T 检验和单因素方差分析方法，分析样本的性别、年龄、学历及相关者类型等特征对质量需求要素、质量特征要素和质量保障要素重要度的影响。

1.5.3 技术路线图

本研究开展流程和技术路线如图 1-2 所示。

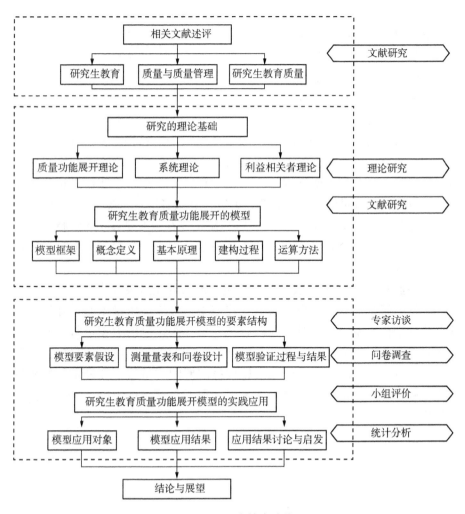

图 1-2 研究技术路线

1.6 可能的创新之处

本研究跨学科地将质量功能展开理论、系统理论、利益相关者理论与质量管理等有关理论结合，尝试建立研究生教育质量功能展开模型，从理论和方法层面为推动我国研究生教育及教育质量管理的发展提供帮助，使研究生教育质量尽可能地满足各利益相关者的需求。本研究将力求在以下三方面有所创新：

1）将广泛应用于工业制造业领域的质量功能展开概念和方法引入研究生教育质量管理领域，建立研究生教育质量功能展开模型，围绕利益相关者的需求进行研究生教育质量特征分析及质量保障措施配置，把相关者需求变为研究生教育活动中的参与者和管理者都能够理解和执行的具体信息，从而改进和提升研究生教育质量。一方面为我国研究生教育质量管理研究提供了新的视角，另一方面也拓展了质量功能展开方法的应用范围。

2）系统地分析研究生教育质量功能展开模型的结构，分别基于一定的理论，对研究生教育利益相关者的需求、研究生教育质量特征和研究生教育质量保障各自的构成要素进行一阶展开和二阶展开；并沿着"相关者需求—质量特征—质量保障"的思路，通过"相关者需求—质量特征质量屋"和"质量特征—质量保障质量屋"，将利益相关者需求要素、质量特征要素和质量保障要素联系起来，围绕利益相关者的需求，配置研究生教育质量特征并采取质量保障措施。

3）通过实证研究对研究生教育质量功能展开模型及量表的信度和效度进行验证，将经检验的模型投入实践应用中，将传统质量屋的矩阵运算方法和集值迭代法相结合，对问卷调查和专家小组评分的数据进行处理，从而得到完整的研究生教育质量功能展开模型。对模型应用的结果进行分析，把握相关者最突出的需求、研究生教育最重要的质量特征和最重要的质量保障措施，并分析相关者的个人因素对各要素重要度的影响，从中得到思考和启发。

第 2 章 研究的理论基础

基于对国内外相关研究文献的梳理和总结,本研究选择了质量功能展开理论、系统理论和利益相关者理论,作为对研究生教育质量管理研究的理论基础和切入点。通过对质量功能展开理论、系统理论和利益相关者理论的回顾和拓展应用,确定了研究的探索方向。

2.1 质量功能展开理论

质量功能展开(quality function deployment,QFD)是在企业产品设计和制造活动实践经验上发展出来的一套可用来有系统地发展及计划品质的科学方法,质量功能展开的定义包含广义和狭义两个层次[172]。

广义上的质量功能展开又称为质量展开(quality deployment,QD),即赤尾洋二(Yoji Akao)教授于 20 世纪 70 年代提出的,质量展开系统中既包含着产品自身的质量又包含着产品质量的管理,两者是各自分明但又相互联系的一体。赤尾洋二于 1972 年发表的"新产品开发与质量保证—质量展开的系统"一文中首次提出了"质量展开"的概念,并归纳了 17 项质量功能展开的基本工作步骤。随后他将"质量功能展开"定义为,针对满足顾客需求而计划产品,通过市场质量需求调研明确产品的计划质量、设计质量和制造质量等一系列环节内容,并将这些内容转化为产品的设计标准,再将这些设计标准关联展开到产品各工序的设计和制造上,以实现对产品质量的前期控制,是一种系统化的技术方法[172]。

狭义的质量功能展开即我们现今广泛应用的质量功能展开(QFD)技术,也译作"质量职能展开",其实质是广义质量功能展开的后半部分。水野滋(Shigeru Mizuno)博士将其定义为:"通过将企业质量管理和质量保障系统的职能按照目标和手段展开,以实施质量管理和质量保障活动,确保顾客需求得到满足。"[173]

2.1.1 质量功能展开的模式

质量功能展开理论从 20 世纪 70 年代开始被丰田、三菱和马自达等日本公司广泛采用，在满足顾客要求、赢得市场竞争、提高企业经济效益上的表现十分突出。质量功能展开理论在 20 世纪 80 年代传到美国，继而传播到世界各国，受到了普遍重视，现已成为一种重要的质量设计技术。在质量功能展开理论的发展过程中，日本以及欧美国家的许多学者对质量功能展开理论进行了广泛的研究，形成了三种最为学界所接受且应用最广的质量功能展开模式，即赤尾模式、ASI（American Supplier Institute）四阶段模式和 GOAL/QPC（Growth Opportunity Alliance of Lawrence, Inc.）模式。

1. 赤尾模式

赤尾模式即发源于日本的最早的质量功能展开理论，这一模式的代表学者有日本的赤尾洋二、水野滋及新藤久和等，以及我国的熊伟、张晓东等学者。赤尾洋二归纳了以设计阶段为中心的综合性质量展开的框架，通过多个矩阵和图表结合的形式，具体描述了产品设计和开发的 64 个工作步骤，该框架又可分为质量展开、技术展开、成本展开和可靠性展开等 4 个组成部分[174]。熊伟曾在日本留学期间参与了赤尾洋二领导的日本科学技术联盟 QFD 研究会的活动，回国后通过论文和著作的形式向国内介绍日本派的 QFD 理论[175-177]；张晓东还曾邀请赤尾洋二、新藤久和等教授为中国学术界和理论界开展以赤尾模式的质量功能展开为主题的讲学活动[178]。

2. ASI 四阶段模式

该模式首先由美国供应商协会（American Supplier Institute）的成员 Sullivan 提出，随后 J. R. Hauser 和 D. Clausing 等人于 1987 年提出了更具体的四阶段过程，后由我国学者邵家俊通过翻译美国的相关书籍而将 ASI 模式引入我国[179,180]。ASI 四阶段模式从顾客需求开始，随后按照产品规划阶段、零件配置阶段、工艺设计阶段和生产控制阶段等如图 2-1 所示的 4 个步骤展开，4 个步骤都通过使用质量屋（house of quality，HOQ）工具建立相关矩阵，上一阶段的质量屋输出作为下一阶段质量屋的输入，4 个质量屋构成了瀑布式分解过程，将顾客需求逐步展开、分层地转化为质量特征、零件特征、工艺特征和生产要求等。

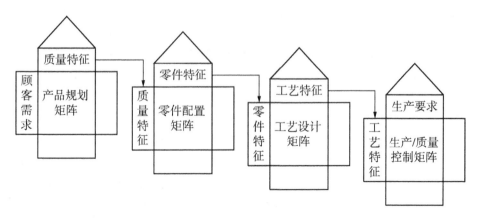

图 2-1　ASI 四阶段质量功能展开模式

资料来源：根据熊伟[172]、李永忠[181]等的研究文献整理而成。

3. GOAL/QPC 模式

该模式是由美国的非营利性培训组织（Growth Opportunity Alliance of Lawrence, Inc.）的创立者 Bob King 提出的。GOAL/QPC 模式共包括 30 个矩阵，涉及产品开发过程诸方面的信息，模式从系统、组织的角度对质量功能展开的构成进行阐述，其中涉及的人员包括生产商及供应商的所有成员，比较适合复杂的系统和产品。

2.1.2　质量功能展开的理论发展

质量功能展开的扩展理论主要有增强的质量功能展开（enhanced quality function deployment，EQFD）、动态的质量功能展开（dynamic quality function deployment，DQFD）、并行功能展开（concurrent function deployment，CFD）、模糊质量功能展开（fuzzy quality function deployment，FQFD）以及实时质量功能展开（real-time quality function deployment，real-time QFD）等。其中增强的质量功能展开（EQFD）由 Clausing 和 Pugh 于 1991 年提出，他们认为应该突出强调创新概念，因此将 EQFD 划分为关联分析、静/动态分析、质量屋、概念选择和子/总系统分析等 5 个相互联系的步骤，其中以概念选择为重点，产品开发人员在多种概念中选择出最佳者，以此来增强质量功能展开在产品研究和开发中的作用[182]。Adiano 和 Roth 认为传统的质量功能展开方法无法反映产品制造的动态过程以及在此动态过程中顾客需求的变化，因此他们提出了动态质量功能展开（DQFD），通过将顾客需求和产品与过程参数结合起来，实现顾客信息的直接动态反馈[183]。Biren Prasad 于 2000 年提出了并行功能展开（CFD），该理论实质上是强调协同性和同步性的并行工程（concurrent engineering，CE）与强调生产串行过程的质量功能展开结合的产物，两者的融合有助于新产品开发项目的开展[184,185]。Masud 和 Dean 将模糊集理论运用到 QFD 提出了模糊质量功能展开（FQFD），以解决在分析顾客需求及设计要求等质量功能展开过程中存在的种种不确定性[186]。大藤正等人提出的实时质量功能展开（real-time QFD）利用质量功能展开过程中的许多矩阵和图表构筑实时的信息库，整理和储存必要的资料并进行信息化，以应用到产品规划、设计、制造、销售等环节中[172]。

质量功能展开方法还常常被与各种群决策方法结合运用，由于顾客需求确定和产品质量设计等步骤都是由或顾客或部门工作人员等利益相关者多人参与的决策过程，在这个过程中由于群体中个人偏好、目标的差异，以及顾客在表达需求时、技术人员在研究相关关系强度时可能存在各种冲突或模糊不清的问题，为此研究质量功能展开中的决策方法既必要又重要。赤尾洋二、水野滋等质量管理专家已开发了一系列较为成熟的配套工具，如对顾客需求进行合并分析的亲和图（affinity diagrams）、用来寻找亲和图中的缺陷和遗漏的树图（hierarchy trees）、用以发现产品质量流程关键问题的关系图（relations diagrams）等，使之成为质量管理和保证顾客满意度的综合系统。学者 Ho 等基于群决策方法提出了确定顾客要求重要性水平的序数方法，但这种方法当顾客需求数目很大时需要相当长的一段时间进行分析[187,188]。还有部分学者用层次分析法（analytic hierarchy process，AHP）对质量屋方法进行改进，如熊伟等将层次分析法（AHP）模糊化，基于改进的模糊层次分析法提出一种模糊映射处理方法，以解决顾客需求中的不确定性，通过建立顾客要求层次结构得到更为精确的顾客要求权重[189,190]。刘鸿恩等认为由于评价结果的精确性存在问题，所以在赤尾模式的质量功能展开理论的基础上进行了改进，即顾客满意递阶层次结构，并对其合理性和正确性进行了分析[191,192]。还有 Wasserann 等学者将模糊集理论用于顾客竞争性分析，结合多属性决策方法汇总的 TOPSIS（technique for order preference by similarity to an ideal solution）方法导出排序和权重[193]。

2.1.3 质量功能展开的应用拓展

质量功能展开是一种实践性非常突出的科学，每个组织或行业都可以根据自身的实际情况选择适合的质量功能展开方法。尽管质量功能展开在建立之初，仅应用在工业制造业领域，作为一种新产品开发和设计的工具，但在40年的发展过程中，各领域的专家学者为改善它而进行的研究和探索从未停止过，质量功能展开方法已应用到了许多行业领域及其管理职能中。

质量功能展开的应用现已扩展到制造业、服务业、教育、医疗及房地产等行业。其中在制造业领域的文献最多。例如，刘晓冰等针对特钢产品客户特殊需求的多样化和个性化特点，基于质量功能展开原理建立了特钢产品多工艺方案增量设计质量屋模型[194]。白晓丽等将质量功能展开思想应用到绿色制造全过程的分析设计中，建立了一般意义下的绿色制造的质量屋模型[195]。在计算机软件业领域，熊伟和王晓暾借助质量功能展开方法中的质量屋矩阵，将可信性需求映射到某金融软件系统的开发的整个过程，在过程中追踪和控制这些需求，以使其在软件开发过程中得到正确而一致的实现，从而系统化地保证软件的可信性[196]。Karlsson将质量功能展开框架应用于管理软件需求，并提出质量功能展开工具有助于明确顾客需求，并提高软件选择的有效性[197]。在服务业领域，吴隽等阐述了集成模糊理论和质量功能展开选择现代第三方物流供应商的步骤，采用SERVQUAL（service quality）模型构建一套指标体系，以帮助企业快捷准确地选择具有高度顾客满意度的物流供应商[198]。在金融投资领域，施国洪等结合主要原油油轮市场的周期统计数据和市场趋势进行实例分析，通过设计质量船舶屋和集成模糊算法构造出决策辅助机制，为航运投资决策提供支持[199]。在教育领域，Gento等学者认为大学提供的教育服务的质量在于学生接受的教育服务与他们预期的服务之间的差距，而教育中的风险管理是非常重要的，因此他们通过引入质量功能展开中的质量屋模型，对大学的突发事件及如何管理进行研究[200]。胡剑波等将质量功能展开应用在我国的高等教育中，确定了高等教育的顾客需求和质量特性，找出影响我国高等教育质量的主要因素[201]。丁成富和王明在大学教学环节中，将发明问题解决理论（theory of the solution of inventive problems，TRIZ）作为培养学生创新能力的指导思想，同时利用质量功能展开理论对教学过程进行管理，以达到提高教学质量、培养学生创新能力的目的[202]。在建筑及房地产业领域，Luu等将质量功能展开方法贯穿于公寓的设计阶段，通过针对顾客需求的设计来提升中等层级公寓的质量[203]；王震和宋敏将质量功能展开管理方法应用到房地产行业，以市场为导向，以顾客需求（包括潜在需求）为房地产产品开发的指导思想[204]。

质量功能展开应用的职能主要集中在产品设计、技术特性、顾客需求、成本管理、风险管理等领域,其中用于分析顾客需求的占了最大的比重。例如,孙洪通过多阶段的质量功能展开模型将总体顾客满意度逐步展开为易于顾客判断的指标,并在某家电企业中进行案例研究,实施了顾客满意度指数的测评[205]。李光明等利用对经典粗糙集理论的扩展,提出了一种基于优势粗糙集的产品规划质量屋来提取顾客基本需求的方法,用于更准确地挖掘和辨析信息系统中属性与顾客基本需求选项之间的内在关系[206]。应用于研究产品技术特性及产品设计的相关文献也很多,如宋欣等将用户需求与技术特性的关联性测度和技术特性自相关性确定问题转化为决策系统中条件属性重要度的确定问题,从而实现由用户需求到技术特性的映射[207]。李朝玲和高齐圣提出一种用模糊数据包络分析(data envelopment analysis,DEA)方法确定产品规划质量屋中各工程特性权重的方法[208]。杨永发和徐人平将以客户需求为基础的质量功能展开方法运用在管理的设计控制之中,使得整个设计的执行始终围绕着目标进行,从而进一步提高设计控制的针对性和有效性[209]。学者 Sener 和 Karsak 在功能展开及相互关系分析中采用了基于线性规划的模糊回归方法,以更好地对产品进行规划[210]。Baier 和 Brusch 提出将产品特性及其重要性对顾客的影响与顾客需求相联系,从而改良新产品开发过程[211]。也有一部分研究聚焦于创新的有效性,如冯珍和张所地提出让顾客参与新产品概念开发过程,用质量功能配置逆过程的方法评估和选择新产品概念研发项目,以降低新产品研发风险,减少资源浪费和大量返工,提高研发的成功率[212]。李延来等应用质量功能展开技术,提出了一种基于效用评价的工程特性改进重要度确定的综合方法,以实现工程特性表现的改进目标[213]。还有的文献将质量功能展开应用在风险管理方面,如常文兵等利用质量功能展开技术建立了装备研制过程中可靠性工程项目的风险因素递阶层次模型,对风险因素权重进行排序,在此基础上对项目风险进行模糊综合评估[214]。

2.1.4 质量屋基本工具

质量功能展开是一种方法也是一种思想,需要通过一系列的表和矩阵来表达。在日本被称为"质量表"分析工具,表示的是客户需求、愿望和预期等市场要素投入与设计属性、规格等研发要素之间通过一种关系矩阵发生的转化[215]。由于其形状很像一个房屋,因此也被称为质量屋(HOQ),最早被应用在制造业新产品设计开发领域。质量屋基本模型如图 2-2 所示。

质量屋通过体系化的语言来表现顾客要求的真正的质量，帮助将客户的需求和期望转换成市场信息以及技术研发、设计概念或制造流程方面的信息，表示顾客需求与这些信息之间的关系，从而建立质量功能展开系统以进一步进行质量设计[216]。构建质量屋时需要听取来自企业外部的客户及企业内部工程研发和市场部门员工的意见，"质量屋的许多优点都来自于对问题的相互理解和为解决问题的共同工作，市场和研发部门平等地参与这一沟通流程的各个方面"[217]。

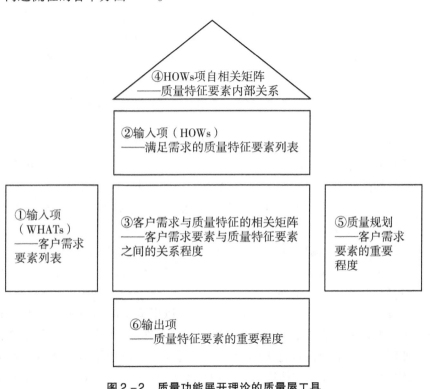

图2-2 质量功能展开理论的质量屋工具

资料来源：根据 R. G. Cooper[215]、A. Griffin & J. R. Hauser[218]、熊伟[172]等人的研究文献整理而成。

在具体运用时，质量屋模型一般包括6个部分：确定客户需求、确定满足需求的质量特征、建立客户需求与质量特征之间的相关关系矩阵、建立质量特征要素之间的自相关关系矩阵、建立对客户需求重要度的评价或市场竞争力评估的得分矩阵、得到质量特征输出项等[219,220]。

1) 确定顾客的需求，即对顾客需求的是"什么（WHATs）"调查后用列表的形式展示出来。市场顾客的需求是各种各样的，此项矩阵的建立应尽量充分、准确和合理，否则后续的所有需求变换工作可能会失真。

2）在设计中应该怎样去做才能满足顾客需求——HOWs 列表。这里是从设计开发人员的角度来描述对应于市场顾客需求的设计要素，即有什么样的市场顾客需求就有什么样的设计要素来对应保证。设计要素要求是市场顾客需求的映射变换结果。

3）建立相关关系矩阵，表示 WHATs 中各项与 HOWs 中各项的关系，通过对矩阵中赋以数字的形式来表示每个顾客要求与设计要素之间的相关度，一般数字越大表示相关度越强，数字越小则相关度越弱。

4）建立 HOWs 自相关关系矩阵，表示 HOWs 阵内各项目的关联关系。各功能特性之间难免会出现冲突，降低其中一个指标的同时必然会影响其他指标的完成情况，一般用正相关、不相关和负相关来定性描述各要素之间的关系。

5）建立评价矩阵，可以是顾客对 WHATs 项的评估，或是与同行业市场竞争性或可行性的比较。顾客需求有主次、轻重之分，质量功能展开方法中对此的处理是：对市场顾客的各项需求给予权重因子以便进行排序。同时通过技术人员的判断，确定竞争对手在实现每个顾客需求上的竞争力，并与自身进行比较，找出改进点。

6）得到 HOWs 输出项，它表示 HOWs 项的技术、成本、评价等情况，通过定性和定量分析得到输出项——HOWs 项的权重，即完成了"需要什么"到"怎样去做"的转换。

质量功能展开的分解阶段、过程步骤可以根据实际情况进行剪裁和补充，不必严格地按照赤尾模式或 ASI 模式的流程进行，质量屋的结构要素在实际使用中的各个阶段也是大体通用的，研究者可以根据自己的研究目的和具体情况对质量屋的结构进行适当剪裁和扩充[173,221,222]。因此，后来质量功能展开中的一系列类似的图表和矩阵也被定义为广义上的质量屋。质量屋工具是质量功能展开思想的一种直观的表达形式，它为顾客需求的传递、渗透和转化到产品或服务的设计、生产、流通等各个环节提供了工具，可以通用于各类产业、各职能领域和各种组织中。但是，质量屋的建造应遵循并行工程的原则，同步地规划产品开发过程中应进行的全部工作，以确保产品设计开发一次成功。

2.2 系统理论

学术界关于系统有着各种各样的定义。基础科学层次上通常采用现代系统研究开创者贝塔朗菲（Ludwig von Bertalanffy）的定义，他将系统定义为"相互联系、相互作用的多元要素的复合体"[223]。这一定义中强调了要素之间的相互作用，及系统通过对要素的综合形成整体特性。相较之下，我国学者钱学森的定义则更强调系统的功能，他在提出的系统科学中指出，系统是"由相互作用和相互依赖的若干组成部分结合成的，具有特定功能的有机整体"[224]。具有特定功能是系统的本质特性，对系统开展的研究、计划、组织和管理等活动都是为了实现特定的目标，因此钱学森的定义在科学技术层次上采用得更广。我国学者许国志等对系统的定义进行了精确化处理，表述为"如果一个对象集合中至少有两个可以区分的对象，所有对象按照可以辨认的特有方式相互联系在一起，就称该集合为一个系统"[225]。

分析以上学者对系统的定义可以看到，他们共同指出了系统包括要素与要素之间的关系，系统是由多个有差异的、各具特定功能的要素，以及要素间存在的相互作用、相互补充、相互制约的特定关系所组成的整体，一旦形成就能发挥出整体的系统功能。

2.2.1 系统的特点

从系统的定义中可知，系统具有多元性、相关性和整体性等基本特征。系统科学的基本命题认为，系统是一切事物的存在方式之一，现实世界不存在没有任何内在联系的事物群体，凡群体中的事物必定通过特定方式相互联系，否则不成为群体，不存在数学意义上的孤立元。若对象集合中只有一个不可再分的对象，或是对象集合中的不同对象之间没有特定的联系方式，那么对象集合就是非系统。

1) 多元性。系统是"两个或两个以上的组成部分相互作用而形成的统一整体"[226]。最小的系统是仅由两个元素组成的二元素系统，但一般情况下的系统均由多个元素组成，称为多元素系统，包含的元素无穷多的系统称为无限系统。

2) 相关性。同一系统的不同要素之间按照特定的方式相互联系、相互作用，不存在与其他任何要素都无任何联系的完全独立的要素，因此不可能将系统划分为若干个彼此独立的部分。人们是根据元素之间的特定联系辨识该系统,并与其他的系统区分开来。

3) 整体性。由于系统的多元性和相关性,就产生了系统的整体性。整体性指系统整体上的形态、结构、边界、特性、行为或功能等。虽然整体不一定是系统,但系统必定是整体,从系统的观点看问题首先要考察对象的整体性,从整体上认识问题和处理问题。

2.2.2 系统的要素与结构

要素是构成系统的基本单元,是不可再细分或无须再细分的系统组成部分。但系统和要素是相对而言的,系统的要素可以是单个的元素,也可以是由一群元素组成的子系统或者分系统。一个要素相对于它所隶属的系统是不可再分的,但离开了这种系统,要素本身又可以被看成由更小的元素组成的系统,即一个要素相对于它所在的系统是一个要素,相对于它下属的要素来说就是一个系统。

我国学者汪应洛认为:"结构即组成系统的诸要素之间相互关联的方式,在构成系统的诸要素之间存在着一定的有机联系,这样在系统的内部形成一定的结构和秩序。"[227]系统的结构即要素间一切联系方式的总和,包括持续的和瞬间的联系、空间的和时间的联系、确定的和不确定的联系。不同的结构对系统的形成和运行影响不同,对系统的结构进行分析时,不必也不可能把系统内发生的所有的联系都加以考虑,因此一般忽略偶然的、无规律的、重要性不大的联系,仅考察元素之间相对稳定的、有一定规则的联系的总和即结构。

没有按照特定的联系方式组织起来的多个元素是非系统,只有通过要素间的相互作用相互联系才能体现结构的客观存在,然而也不能把结构看作独立于元素存在的,要素和结构是构成系统的缺一不可的两个方面。我国学者王其藩认为结构包含两层意思,首先是指组成系统的各单元,其次才指诸单元间的作用与关系。[228]

当系统中的要素较少、彼此差异不大时,可以按照单一的模式对要素进行整合。但当一个系统的要素较多、结构复杂时,其中的部分要素会通过某种方式更紧密地联系在一起,相对独立并有自己的整体特性。这种存在于系统之中又自成系统的部分元素的组合称为分系统或子系统(subsystem),这些分系统组织整合为整系统,整系统与分系统之间是整体与部分、包含与被包含的关系[229]。对分系统的划分可以从不同角度按照不同标准进行，完备性和独立性都是针对同一标准划分的分系统而言的，按照同一标准划分出来的分系统在逻辑上应该是并列的，具有可比性；但按照不同标准划分出来的分系统间无可比性，按照不同标准划分出来的分系统一般含有部分相同元素，不能相互独立。

2.2.3 系统的环境与功能

系统的环境是指存在于系统之外的一切与系统间具有不可忽略的联系的事物集合。任何具体的系统都是从普遍联系的客观事物中被相对地划分出来的，因此系统的环境也只能在相对意义上确定，不同的研究者根据不同的研究目的，对同一系统的环境划分也有所不同。但任何系统都是在一定的环境中产生和运行变化的，不存在没有环境的系统[230]。系统与环境通过交换物质、能量、信息实现它们之间的相互作用和相互联系，要素在不同的环境中按照不同的方式整合，形成不同的结构。根据系统与环境的关系和交换的程度，可以划分为开放系统和封闭系统，系统的开放性和封闭性是对立统一的，现实的系统或多或少都有开放性，系统只有对环境开放与环境相互作用才能生存和发展。

系统相对于它的环境做出的变化即系统的行为，行为是可以从外部探知的系统的一切变化，是系统自身的变化，但反映的是环境对系统的作用或影响。系统的任何行为也能够对环境造成影响，系统行为引起环境中某些事物的变化即称为系统的功能。功能具有普遍性，凡是系统都有自己的功能，功能是一种整体特性，整体的功能一般大于部分之和，具有部分所没有的新功能[231]。功能概念也适用于分系统或子系统，指分系统或子系统对整体系统的生存发展所做的贡献和应负的责任。

系统的功能是由元素、结构、环境共同决定的。一方面，同一系统对不同对象可能有不同功能，对象选择不当可能会导致系统功能无法正常发挥；另一方面，系统功能的发挥需要环境提供适当的条件，环境的不同意味着系统运行的软环境不同，可能对系统功能的发挥产生影响。人造系统往往是要在给定元素和环境的情况下设计运营的，选择具备必要功能的元素和最佳结构方案，并为系统功能的充分发挥选择或改造环境。

2.3 利益相关者理论

利益相关者（stakeholders），从其英文单词看，是指对一个组织或活动

"下注"(have a stake)的人,即产权所有者、财产管理者或股东等对企业或组织进行了投资、支付了成本的一类人或群体。到了20世纪30年代,Dodd、Berle等学者将其概念进行了丰富,他们认为企业管理者和股东只是代表着广大的利益相关者的意志担任具体执行的职责,因而他们除了考虑股东、管理层等之外,还将利益相关者的概念扩展到包括企业内部普通员工、企业外部消费者等更大的范围[232]。随着相关研究的逐渐深入,利益相关者理论还需要同时兼顾经济利益和社会效益,除了追求企业规模、经济成长之外,还需要承担一定的社会责任并考虑对企业所在地其他社会公众造成的影响,斯坦福研究所(Stanford Research Institute,SRI)在这样的背景下于1963年提出"利益相关者是支持组织生存和发展的个人或团体,如果没有他们,组织就不可能生存"[233,234]。目前最为学界所接受的对利益相关者进行的定义是:"能够影响一个组织目标的实现,或者受到一个组织实现其目标过程影响的人。"这一定义由学者R. Edward Freeman于其1984年出版的《战略管理——利益相关者方法》一书中首次明确提出[235]。该书也由于其对后来相关研究的方向性的重大指导意义,被认为是利益相关者理论正式确立的标志。

2.3.1 利益相关者理论的发展

自1984年利益相关者理论正式确立至今的30多年时间里,随着利益相关者理论的不断发展,其在企业管理、社会经济、公共事务等方面也得到了越来越多的推广与应用。理论界学者从不同角度定义了利益相关者概念的内涵与外延,根据他们对利益相关者概念的界定,可以看到他们主要从三方面的侧重点来定义利益相关者。主要的三种利益相关者认识论如表2-1所示。

表2-1 利益相关者认识侧重点比较

认识侧重	主要观点	代表学者
关系存亡	强调组织对利益相关者的依赖关系	Freeman & Reed(1983)、Freeman(1984)、Freeman & Gilbert(1987)、Evan & Freeman(1988)、Bowie(1988)、Thompson,Wartick & Smith(1991)、Nasi(1995)

续表 2-1

认识侧重	主 要 观 点	代 表 学 者
影响战略	强调利益相关者对组织战略发展和绩效目标的影响力	Evan & Freeman（1988）、Alkhafaji（1989）、Savage、Nix、White Head & Blair（1991）、Carroll（1993）、Brenner（1993）、Wicks、Gilbert & Freeman（1994）
获取收益	强调利益相关者对组织行使收益索取的权利	Evan & Freeman（1988）、Carroll（1989）、Mill & Jones（1992）、Langhy（1994）、Starik（1994）、Clarkson（1994）、Freeman（1994）、Donaldson & Preston（1995）

资料来源：根据相关研究文献整理而成。

部分学者侧重于强调利益相关者对一个组织的存在与否、后续发展等方面的决定能力，虽然利益相关者对组织有依赖，需要通过实现组织目标从而实现其个人目标，但组织对利益相关者的依赖性更强。也有部分学者认为利益相关者是被自己的利益驱动而参与到组织的活动中来，利益相关者依靠组织来实现其个人目标，而其自身也会受到组织实现其目标过程的影响。还有学者倾向于对利益相关者在制定、规划和实施组织发展战略和具体目标等方面的作用展开讨论，更强调利益相关者对组织管理各活动环节中的参与，以及其参与对组织长期发展战略和短期活动绩效等方面的影响力。大部分学者会讨论利益相关者与企业或组织发生关系的渠道或形式，分析某类利益相关者与企业或组织间是否存在着一些不同于非利益相关者的关系，如法律关系、交易关系、行为影响及道德责任等。近期有许多学者围绕着利益相关者向企业或组织索取收益的权利展开研究，这种收益索取权的来源则是由于利益相关者向企业或组织投入了多种经济性的或非经济性的资源——赌注（stake），既然这些资源对于企业或组织的发展是有重大作用和影响的，且利益相关者也承担了由企业或组织运营活动可能带来的多种风险，那么享受由企业或组织发展或目标达成而带来的收益也是理所应当的。目前关于利益相关者的研究热点主要集中在各类利益相关者索取收益的权利大小、索取收益的形式和渠道等方面。

2.3.2 利益相关者理论在教育领域的应用

利益相关者理论被认为是"理解和管理现代企业的工具"，在经济学界和管理学界受到高度重视和广泛实践后，逐渐被应用到企业管理范畴之外的社会经济和政治等领域。20世纪90年代以来,在世界高等教育及研究生教育的多元管理发展趋势之下,必须综合考虑各相关主体的利益与需求,制定出能够反映多方意志和利益的政策并实施[236]。目前已有许多专家学者对研究生教育或高校的利益相关者进行了研究和界定。率先将利益相关者理论应用到高等教育管理领域的罗可夫斯基(Henry Rosovsky)认为,大学更广泛的有利害关系的个人或群体有如教授、学生、校友、捐赠者、政府、公众、社区等[237]。张维迎认为,大学里面的利益相关者包括教授、校长、院长,包括行政人员,包括学生以及毕业了的校友,当然也包括社会全体纳税人[238]。管祎和夏品奇也指出,为了构建研究生教育全面质量管理体系,必须同时关注国家的教育法律法规、在校学生的要求、学校教职员工的满意度和用人单位的反馈情况等方面的动态变化[239]。李福华则指出,政府、教职员工、学生、校友及其他资助者对现代大学战略规划及管理过程都有影响[240]。

在前人文献的基础上,结合对现实情况的分析,本研究整理出的研究生教育的利益相关者至少应包括政府部门、研究生、培养高校、用人单位、中介机构、研究生家庭、捐赠者、校友、银行、合作单位、媒体、社会公众等12种最基本的类型:①政府部门。我国研究生教育实行"三级办学,两级管理"的体制,国家和省级政府管理部门通过制定相关法律法规,引导着研究生教育战略发展方向。②研究生。研究生接受教育服务同时也是教育的"产品",最直接参与了研究生培养的价值创造全过程。③培养高校。培养高校不但是开展研究生教育的地点,也提供了传道授业解惑的教师和支持研究生教育战略实现的教务管理人员等许多资源。④用人单位。用人单位消费了研究生教育产出的学生和科研成果等"产品",提供反馈意见帮助高校调整战略并改进质量。⑤中介机构。中介结构在研究生教育中的功能主要在于提供咨询和质量评价结果等作为参考,它们帮助协调政府部门、高校和用人单位间的关系。⑥研究生家庭。家庭在研究生接受教育过程中态度如何、能否提供经济和精神支持,也影响着学生在研究生教育中的各项选择。⑦合作单位。研究生培养是一个开放互动的过程,该过程中可能需要与其他高校、科研院所或企业发生合作关系,这也有助于研究生培养各个环节的实施。⑧捐赠者。个人、基金会或行业的捐赠提供了大量资金以支持研究生教育的发展。⑨校友。校友标志着高校和研究生教育前期对社会的贡献,也是高校和研究生教育后续发展的重要捐赠来源。⑩银行。银行则为研究生和高校提供融资贷款等服务,在推动研究生教育发展的同时实现资产的充分运用和保值升值。⑪新闻媒体。媒体对高校和研究生教育的宣传报道，也影响着政策制定实施、高校形象声誉和研究生教育战略。⑫其他社会公众。作为纳税人，社会公众与研究生教育存在一定的经济联系，同时研究生教育的成果也促进经济社会的发展从而造福社会公众。

2.3.3 研究生教育利益相关者的分类

大学是一个典型的利益相关者组织[241]，研究生教育质量也应该是一个与政府、高校、社会、研究生等利益相关者有关的多维概念[242]。在梳理出研究生教育利益相关者的基本类型之后，还应根据一定的分析框架将研究生利益相关者作进一步细分。我国对于利益相关者理论的研究目前尚处于起步阶段，而利益相关者理论在教育领域的应用更是一种崭新的尝试。

1. 利益相关者的分类

虽然利益相关者理论自创立至今已有了一定程度的丰富和发展，但进入20世纪90年代后，专家学者逐渐意识到不同的利益相关者对该组织或行业的需求和作用是不同的，在多元利益相关者及相关者的利益之间取得均衡，对于企业或组织的持续健康发展至关重要。因而越来越多的学者将研究重点转移到对利益相关者进行深入细分的方法上，并研究出了多种划分依据和分析模型。而至今对利益相关者的进一步划分和界定仍存在较大争议，这也是利益相关者理论的实践应用中的一大难点。在对利益相关者进一步分类方面取得了较显著成就、文献被引用率较高的几位学者有Charkham、Clarkson、Mitchell和Wheeler等人，他们的主要观点对比如表2-2所示。

表2-2 主要的利益相关者细分方法

代表学者	划分依据	细分类型
Charkham（1992）	契约存在与否	契约型利益相关者、公众型利益相关者
Clarkson（1995）	承担风险程度	自愿利益相关者、非自愿利益相关者
	关系紧密程度	首要利益相关者、次要利益相关者

续表 2-2

代表学者	划分依据	细分类型
Mitchell（1997）	关系合法性程度、影响力程度、需求满足的紧急程度	确定型利益相关者、预期型利益相关者、潜在型利益相关者
Wheeler（1998）	关系紧密程度、联系是否通过实体发生（社会性）	首要的社会性利益相关者、次要的社会性利益相关者，首要的非社会性利益相关者、次要的非社会性利益相关者

资料来源：根据相关文献整理而成。

1）学者 Charkham 根据利益相关者与企业之间是否有代表交易关系的合同或契约等，将利益相关者划分为两类：一类是企业外部的顾客、供应商、分销商、贷款提供者及企业内部的股东、员工等，这些利益相关者被称为契约型利益相关者（contractual stakeholders）；另一类是包括政府监管部门、社会其他机构、新闻媒体、当地社区居民等，这些利益相关者被称为公众型利益相关者（community stakeholdesrs）[243]。

2）学者 Clarkson 从两个维度对利益相关者进行分类。首先是根据利益相关者是否愿意承担风险以及承担风险的程度，划分为主动对企业进行经济或非经济投入，并自愿承担经营风险等后果的自愿利益相关者（voluntary stakeholders），以及被动或间接地投入，并被动地承担企业风险的非自愿利益相关者（involuntary stakeholders）。其次 Clarkson 根据利益相关者与企业关系的紧密程度，划分为能够决定企业命运、强烈影响着企业的生存和发展的首要利益相关者（primary stakeholders），和不直接与企业发生联系，对企业发展也不能造成太大影响的次要利益相关者（secondary stakeholdors）[244]。

3）学者 Mitchell 划分企业的利益相关者时，主要是根据利益相关者与企业的关系合法程度（lagitimacy）、影响力大小程度（power）以及满足需求的紧急程度（urgency）三个维度，将利益相关者划分为确定型利益相关者、预期型利益相关者和潜在型利益相关者三大类。在 Mitchell 建立的划分依据中，他对利益相关者与企业的关系合法程度这一维度的界定，主要是考核某类利益相关者是否拥有对企业的成长带来的利益的索取权，且这种索取权是否具有法律上的或道义上的特定依据；他对利益相关者对企业影响力大小程度这一维度的界定，主要是考核某类利益相关者是否有能力、方法或地位，来影响企业长期战略及短期目标的制定和实施；他对利益相关者需求满足的紧急程度这一维度的界定，主要是考核企业管理层是否重视某类利益相关者的要求和意见，他们的要求和意见是否能够得到企业管理层的响应以及相应的速度[245]。

4）学者 Wheeler 和 Maria 的研究主要是对 Clarkson 划分方法的进一步深入和拓展，他们在 Clarkson 的"关系紧密程度"基础上增加了对利益相关者与企业发生关系的渠道是否具"社会性"（social）的考虑，重点考核关系是否紧密，以及关系是通过现实中实体的"人"发生抑或是通过"非人"的自然环境、植物、生物等物种发生。Wheeler 定义的首要的社会性利益相关者（primary social stakeholders）包括顾客、员工、供应商、合伙人等，这些利益相关者是以人的形式参加到企业活动中，且与企业有直接的关系；次要的社会性利益相关者（secondary social stakeholders）包括竞争对手、社区居民以及与其发生间接关系的实际存在的人；首要的非社会性利益相关者（primary non-social stakeholders）指的是自然环境中的植物、动物以及人类后代等，这些利益相关者虽然不是以"人"的形式具体存在，但它们与企业有直接的关系；次要的非社会性利益相关者（secondary non-social stakeholders）则是指与企业仅有间接影响关系，且并非实际存在的人的其他利益相关者[246]。

2. 本研究对研究生教育利益相关者分类的依据

本研究在借鉴前人对利益相关者群体多维分类方法的基础上，从系统理论的角度出发，根据研究生教育的具体特点和研究生教育管理活动的特殊性，提出影响—关系—成本三维度模型对研究生教育利益相关者进行进一步细分，构建分析框架如图 2-3 所示。

（1）影响维度。

各类利益相关者影响着研究生教育的使命和定位，影响着研究生教育的战略规划执行，影响着研究生教育的过程管理，影响着研究生教育的控制和评价，然而各类群体对研究生教育的影响维度和方式并不一样，因而用影响维度来衡量某一群体的地位、权利和行为是否能够改变研究生教育策略及具体程度。

影响维度从高到低分别以合法要求、影响决策、引起关注来表示。合法要求是某类群体对研究生教育的一种权力性、强制性影响，一般产生于

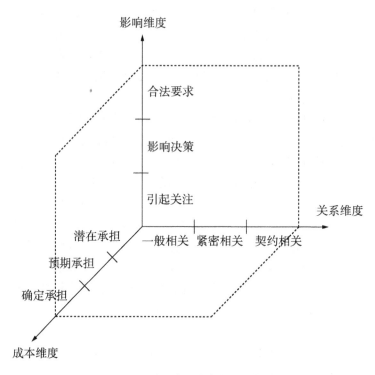

图 2-3　对利益相关者划分的框架

法律法规或正式组织架构之内,以强制的方式来影响和改变研究生教育的进行和发展;除了强制性的合法要求,还有部分相关者群体也能够使研究生教育活动的环境或研究生教育发展战略发生改变,为了研究生教育的生存和发展必须时刻关注这一类愿望和要求并设法加以满足,但这种影响力是非强制的;而还有一部分群体,他(它)们的需求可能可以获得研究生教育管理者的关注,但缺乏相应的影响力来使他(它)们的要求很快实现,因而他(它)们一般通过获得其他更强有力的相关群体的支持,或者更多地参与研究生教育,以获得某种权力来达到目的。

(2) 关系维度。

各类利益相关者对研究生教育的影响是通过与研究生教育发生直接或间接的关系而体现的,如大学自身的水平和特色定位、生源的素质、政府部门是否支持、用人单位接收毕业生能力和意愿、捐赠者和银行的预期等等,都影响着研究生教育的质量。不同的群体与研究生教育有不同的关系,因而用关系维度来衡量某一群体跟研究生教育过程及其组成部分的互动频率及联系紧密程度。

关系维度从高到低分别以契约相关、紧密相关和一般相关来表示。契约相关是指某类群体通过明确的制度法规或合约与研究生教育发生联系，因而该类群体被赋予基于法律和道义上的特定地位，对研究生教育的进行和发展有极重大的作用；紧密相关是指某类群体对研究生教育有直接联系，如果没有他（它）们的持续参与，研究生教育就不可能正常、持续开展；而一般相关是指这样的某类群体，他（它）们间接地影响研究生教育的运作或者受到研究生教育运作的间接影响，对研究生教育进一步发展相关但并不十分显著。

（3）成本维度。

为保证研究生教育质量，投入足量资源并合理运用资源是必不可少的，研究生教育的成本包含学杂费、书费、教师工资等直接成本，还包括研究生培养高校和研究生本人在研究生教育过程中所担负的机会成本，以及整个研究生教育体系运作的管理成本。直接成本较容易核算，但管理成本和机会成本则较模糊而难以进行核算。Clarkson 对利益相关者的定义是"在企业中承担了某种形式的风险的个人或群体"[247]，根据 Clarkson 的定义，利益相关者大多承担了某种形式的风险和成本，只是承担风险的方式和程度存在差异，因而用成本维度来衡量某一群体在研究生教育中对成本和风险承担的程度。

成本维度从高到低分别以确定承担、预期承担和潜在承担来表示。确定承担研究生教育成本的群体一般是主动对研究生教育活动进行物质资本或人力资本投资，他（它）们知晓并自愿承担教育成本及相关风险；而预期承担和潜在承担研究生教育成本的利益相关者则并不直接参与研究生教育活动，他（它）们一般是通过社会经济系统的其他活动最终间接影响和参与研究生教育，因而被动地承担了研究生教育的部分成本，两者承担成本的程度大小也有区别。

3. 对研究生教育利益相关者分类的结果

基于前文建立的影响—关系—成本三维度研究生教育利益相关者分类框架，通过大量阅读文献并与专家学者进行访谈，综合分析研究生教育的各类利益相关者在影响维度、关系维度和成本维度上的属性及表现，本研究对我国研究生教育中利益相关者的分类结果如表 2-3 所示。

表2-3 研究生教育中的利益相关者界定

相关者群体	影响维度	关系维度	成本维度
政府部门	合法要求（高）	契约相关（高）	确定承担（高）
研究生	影响决策（中）	契约相关（高）	确定承担（高）
培养高校	合法要求（高）	契约相关（高）	预期承担（中）
用人单位	合法要求（高）	契约相关（高）	预期承担（中）
中介机构	影响决策（中）	紧密相关（中）	预期承担（中）
研究生家庭	影响决策（中）	紧密相关（中）	预期承担（中）
合作单位	影响决策（中）	紧密相关（中）	确定承担（高）
捐赠者	影响决策（中）	紧密相关（中）	预期承担（中）
校友	引起关注（低）	紧密相关（中）	预期承担（中）
银行	引起关注（低）	契约相关（高）	潜在承担（低）
媒体	引起关注（低）	一般相关（低）	潜在承担（低）
社会公众	引起关注（低）	一般相关（低）	预期承担（中）

资料来源：根据相关访谈和文献资料整理而成。

对影响维度、关系维度和成本维度进行评价后，根据表2-3中的分析结果，可以将研究生教育利益相关群体细分为核心利益相关者、重要利益相关者和一般利益相关者三类，如图2-4所示。

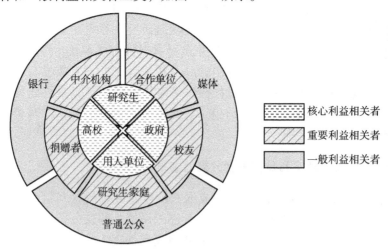

图2-4 研究生教育利益相关者细分

(1) 核心利益相关者。

在3个维度中有2个或2个以上维度表现为高，可定义为核心利益相关者，研究生教育的核心利益相关者主要包括政府教育管理部门、研究生、培养高校和用人单位四类群体。他（它）们以政府的政策法规形式、市场资源的供求关系形式、参与学校决策机制的形式来参与和影响研究生教育的过程，并承担了大部分研究生教育的成本，在保障和提高研究生教育质量方面的动力最大。进一步对我国研究生教育的核心利益相关者作分析和排序，结合相关文献和专家访谈可知，对四类核心利益相关者按照关键程度从大到小排列，依次为政府教育管理部门、研究生、培养高校及用人单位。

(2) 重要利益相关者。

在3个维度中有2个或2个以上维度表现为中，可定义为重要利益相关者，研究生教育的重要利益相关者主要包括中介机构、研究生家庭、合作单位、捐赠者和校友五类群体。研究生家庭、捐赠者和校友都是研究生教育的重要出资者，都对大学的发展提供了物质资源，他（它）们也相应地获取研究生教育产出的物质和精神上的收益，关注他（它）们的需求以调动他（它）们投入的积极性，有利于发挥科研经费的最大效益，从而使科研经费提供者获得最大的收益。而中介结构与合作单位都是研究生教育的重要合作伙伴，研究生教育的发展会给合作伙伴带来一系列潜在的利益，并在一定条件下转化为直接利益。

(3) 一般利益相关者。

在3个维度中有2个或2个以上维度表现为低，可定义为一般利益相关者，研究生教育的一般利益相关者主要包括银行、媒体和社会公众三类群体。现代研究生教育与所在社区和城市的政治、经济、生活息息相关，研究生教育的发展必然受到所在地政治、经济、文化的影响，受到当地新闻媒体的关注，同时也给当地普通民众带来各种经济的和非经济的利益，而与银行形成良性互动循环后，可以通过发展研究生教育及合格学生的培养，降低银行对高校和学生提供贷款的投资风险，保护贷款提供者的合法权益。

值得注意的是，本研究从影响维度、关系维度和成本维度3个角度来综合考察某类群体在研究生教育中的重要程度，但分析结果并不是恒定不变的。随着时间的推移，各类利益相关者在各维度上的位置都处于动态变化中，因而采用影响—关系—成本三维度模型对利益相关者进行分类也应该是动态变化的，即当某类利益相关者的性质、特征发生变化时，其在各维度的地位就可能发生改变。

2.3.4 研究生教育核心利益相关者的投入

从文献综述中可以看到，大部分组织或学者对质量的概念定义是建立在顾客或消费者等群体的期望或需求上，强调质量是对顾客或消费者需求满足的程度。相对于中国共产党第十八次全国代表大会上提出的"努力办好人民满意的教育"这一教育质量目标，实际上强调了对教育利益相关者明确或潜在需求的满足。

因此，本研究试图更好地识别利益相关者对研究生教育的需求和愿望，更好地将利益相关者的需求转化为研究生教育的质量属性，更好地采取质量保障措施优先配置重要的研究生教育质量属性，从而更好地满足利益相关者的需求。然而现实中的资源是有限的，要满足所有利益相关者的所有需求显然是不可能的，因此有必要分析和界定出我国研究生教育中最重要的、最核心的利益相关者，构建研究生教育质量功能展开模型来重点获取他（它）们对研究生教育的需求，将他（它）们的需求转化为研究生教育质量属性，并将研究生教育质量保障方案建立在他（它）们的需求之上，从而提出相关建议并进一步丰富和完善研究生教育管理理论体系。

为保障研究生教育的平稳开展并逐步提升研究生教育质量，我国的研究生教育利益相关者，尤其是政府教育管理部门、研究生、培养高校及用人单位四类核心利益相关者长期以来投入了大量的物质成本、时间成本及机会成本。以下将分别就他（它）们在我国研究生教育中的经济投入和非经济投入情况进行分析。

1. 研究生教育核心利益相关者的经济投入

考虑到资料的可获取性和准确性，本研究对研究生教育核心利益相关者的经济投入主要依据教育经费来衡量。在《中国教育经费统计年鉴》中，"普通高等教育经费收入"这一教育经费统计指标共包括地方普通高校和中央属普通高校的预算内经费拨款、附加经费拨款、事业收入、校办产业收入、社会捐资助学、勤工俭学和社会服务收入等收入来源，根据来源可以分为政府、学生、高校及社会四方面，即研究生教育的四类核心利益相关者。近10年四类核心利益相关者对研究生教育经费投入情况如图2-5、图2-6所示，从图中可以总结出我国研究生教育核心利益相关者的经济投入具有以下四方面的特点：

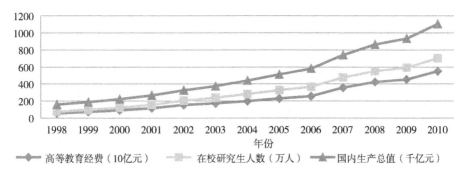

图 2-5　1998—2010 年我国经济发展情况、高等教育经费及研究生人数

资料来源：根据《中国统计年鉴》（1999—2012）、《中国教育经费统计年鉴》（1999—2011）等相关资料整理而成。

注：在校研究生人数专指普通高等学校的研究生人数，国内生产总值按当年价格计算。

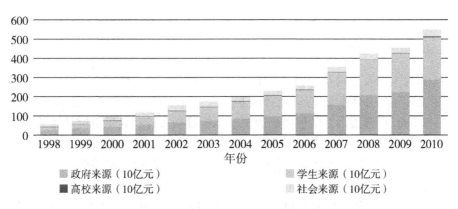

图 2-6　1998—2009 年我国高等教育经费来源及变化情况

资料来源：根据《中国教育经费统计年鉴》（1999—2011）相关资料整理而成。

1）我国研究生教育发展的经济投入总量在持续增加，持续而稳健增长的教育经费投入是促进高等教育和研究生教育发展的必要条件，国家财政性教育经费占国内生产总值（GDP）的比例以及预算内教育经费占财政支出比例均不断增加。

2）我国高等教育经费支出的增长速度已逐渐跟上甚至超越了研究生招生数量和国内生产总值的增速。2013 年第十二届全国人民代表大会上，温家宝宣告：国家财政性教育经费支出 2012 年占 GDP 比例达到 4%，标志着《国家中长期教育改革和发展规划纲要（2010—2020）》中提出的这一目标的实现。然而对比世界平均值4.9%和经济合作与发展组织（Organization for Economic Cooperation and Development，OECD）国家6.1%的教育投入水平[248]，我国的研究生教育经费投入还有很大的发展空间。

3）当前政府财政拨款和学生自筹是我国研究生教育经费的最主要来源。尽管在不同的经济体制下，政府在高等教育生产中扮演的角色不同，但政府始终是高等教育供给的主体[249]。研究生教育对作为受教育者和教育产品消费者的学生影响颇大，不仅有较高的回报率，还能产生其他稳定性等长期效用，因而这也是研究生个人对研究生教育供给的驱动力。

4）教育成本分担极不均衡，来自高校和社会的经费供给一直维持在一个相对较低的水平上。国家财政和学生及其家庭财力有限，各高校投入到研究生教育及科研中的经费紧张，就容易导致研究生教育中的种种弊端[250]。从全球高等教育的发展来看，研究生教育供给的主体已呈多元化趋势，让更多的利益相关者了解和参与到研究生教育活动中，也有更灵活的方法筹集到更多的教育资源。

2. 研究生教育核心利益相关者的非经济投入

研究生教育中除了经济成本以外，还会发生难以进行核算的管理成本和机会成本等各类模糊的非经济成本。人力资本理论的创始人舒尔茨（T. W. Schiultz）曾指出，学校需要教师、学校管理人员和建筑设施等特殊资源以提供高等教育服务，因而即使没有向教育服务支付费用，它也不是免费的[251]。政府部门、研究生、高校和用人单位这四类核心相关群体也分别通过不同方式对研究生教育进行非经济投入。

1）政府对研究生教育投入了许多的间接成本和机会成本。E. Cohn 和 T. C. Geske[252]指出政府为非营利性质的教育机构免除的财产税、所得税等"免税成本"，以及因为放弃了把学校的土地、建筑和设备等用于从事其他营利性活动而失去的可能收入，都应该计入教育中发生的间接成本。在我国现行的高等教育院校"两级管理、三级办学"体制中，政府还需要通过制定相关的法律法规，发挥行政手段等产生的干预力来保障研究生教育的顺畅运行，并通过提供经费来维护教育公平和高校科研能力。

2）学生选择接受研究生教育时，除了要缴纳学费以外，还需要投入2~6年甚至更多的时间及精力在进一步的深入学习上。如果该学生未选择研究生教育，而选择就业或创业并将这些时间和精力投入其中而获得金钱回报或工作经验等，都构成了个人的教育机会成本。

3) 较经济投入而言，高校方面在研究生教育中的非经济投入管理成本有很大的主观性。综观国内学者对我国高校教育成本计量、分摊、确认方面的相关文献可以看到，高校管理成本的研究关注点主要有两个方面：一方面是经常性的管理成本，林荣日、王善迈等学者曾提议参照经济部门和企业同类固定资产的计算方法，来确定高校的公用成本、固定资产折旧和社会服务成本，以及确定高校固定资产的使用年限和折旧率[253,254]；而另一方面是高校关于未来总体或长期规划、发展计划的决策等管理工作中产生的成本，即为了进行资源分配和学费定价等决策及经济性成本预算等控制，则需要由高校内部各学院及财务等部门做出规划报告。

4) 用人单位雇用研究生员工时面临着更大的机会成本。由于用人单位对研究生学历员工的综合能力、素质水平往往持高于其他非研究生学历员工的预期，当用人单位以提供实习或录用机会、支付薪酬等形式对人力资本的投资与研究生学历员工所带来的效益相匹配时，用人单位获得的正面效益会促进其再投资；反之则可能会使得用人单位降低预期从而减少再投资。

2.4 本章小结

本章详细介绍了研究开展的理论基础——质量功能展开理论、系统理论和利益相关者理论，作为后续研究中构建研究生教育质量功能展开模型的基础。首先对质量功能展开理论进行说明，总结了三种目前应用较广的质量功能展开理论的模式，对质量功能展开理论的发展与应用拓展情况分别进行详细阐述，重点说明了如何通过质量屋工具来表达质量功能展开思想并实现质量改进的目的。其次在系统的概念定义基础上总结了系统的特点，系统是由多个有差异的、各具特定功能的要素以及要素间存在的相互作用、相互补充、相互制约的特定关系所组成的整体，结构即要素之间的相互关系，系统不断与环境发生物质、能量和信息交换，且系统功能的发挥是由要素、结构和环境共同决定的。最后介绍了利益相关者理论的发展及其在教育领域的应用，根据影响—关系—成本三个维度对我国研究生教育中的利益相关者进一步划分层次，分析核心利益相关者的投入情况以说明利益相关者在研究生教育活动及教育质量管理中的重要影响和作用。

第3章 研究生教育质量功能展开模型

研究生教育质量功能展开模型，是广泛应用于工业制造业领域的质量功能展开理论在研究生教育质量管理领域的新应用。本章将介绍模型建构的依据，对重要概念进行界定之后，提出模型概念框架，并就模型的基本原理、结构组成和运算方法等方面进行详细阐述。

3.1 模型的概念框架

下面将分析研究生教育质量功能展开模型建构的客观依据，对模型中的重要概念进行界定，说明模型的建构思路并提出模型概念框架。

3.1.1 模型建构依据

研究生教育质量管理是一个复杂的、开放的系统，本研究基于质量功能展开理论、系统理论和利益相关者理论，对研究生教育质量管理系统中的利益相关者需求、质量特征和质量保障的构成要素及它们之间的相互关系进行研究，还需要有现实的客观依据。

1）中国共产党第十八次全国代表大会上，胡锦涛代表第十七届中央委员作的题为《坚定不移沿着中国特色社会主义道路前进，为全面建成小康社会而奋斗》报告中，把"努力办好人民满意的教育"放在社会建设六项任务中的首要地位，并提出"教育事业科学发展必须坚持以人为本"，使研究生教育质量达到令人民满意的水平。这里的"人民"，具体而言是指政府教育管理部门、研究生学生及其家庭、高校教职员工、用人单位与合作单位、校友和捐赠者等这些与研究生教育联系紧密、影响作用显著并且承担教育成本的利益相关者。以人为本，即要满足现阶段利益相关者对研究生教育最突出、最迫切的需求。各类利益相关者对研究生教育能够给他（它）们带来的功能或作用都有明确的或隐含的期望，应该将相关者需求的满足程度作为评价研究生教育质量的尺度。

2）在研究生教育高速发展的同时，如何更好地认识研究生教育及研究生教育质量的概念及其内涵，从而更有效地对研究生培养过程及培养质量进行管理，促进研究生教育的快速、健康、可持续发展，已成为社会各界关注和研究的重点。应根据相关者的需求重点配置研究生教育质量特征，并采取各种质量保障措施和配套管理措施，使相关者的需求得到满足。

3）教育质量保障是随着高等教育发展到一定阶段，在充分吸收了工业企业质量管理思想的基础上形成的必然产物，是高等教育质量管理范式的重要转变[255]。质量保障贯穿于研究生培养模式的整个环节，通过对培养目标、过程、制度、管理等进行监控和收集信息，依据一定的标准和规则评价培养研究生教育的质量，并利用反馈的信息及时调整培养过程，从而保证培养目标的顺利实现。

根据以上分析，沿着"相关者需求—质量特征—质量保障"逻辑进行的质量管理和质量改进思路如图 3-1 所示。

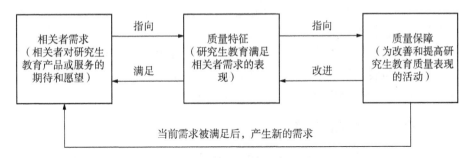

图 3-1 研究生教育质量改进思路

3.1.2 重要概念界定

通过对前人相关研究的回顾，结合质量功能展开理论、系统理论和利益相关者理论，对本研究构建的研究生教育质量功能展开模型中的重要概念进行如下界定。

1. 研究生教育质量

研究生教育的质量即利益相关者对研究生教育是否能够满足其特定需要及满足的程度所做出的价值判断，研究生教育质量的高低很大程度上取决于利益相关者需求的满足程度。

2. 研究生教育相关者需求

研究生教育的相关者需求，指利益相关者对研究生教育产品或服务给其带来的效果的愿望和期待，其中既包括明确的需求也包括隐含的需求，既包括开展研究生教育的基本设施条件的需求，也包括研究生教育中的人际互动和发展成就等的需求。本研究重点分析研究生教育核心利益相关者对研究生教育质量的基本需求和发展需求，并以满足核心利益相关者需求为目标进行研究生教育质量特征和质量保障措施配置。

3. 研究生教育质量特征

研究生教育的质量特征，指满足利益相关者需求的研究生教育质量要素，包括研究生教育在可靠性、响应性、声誉性、保证性和关怀性等质量方面的表现，根据这些质量特征的表现可以衡量研究生教育产出对利益相关者需求满足程度。本研究重点分析研究生教育中的核心利益相关者对研究生教育质量特征表现的看法，并以核心利益相关者的感知作为对各项研究生教育质量特征要素重要程度进行评判的重要标准。

4. 研究生教育质量保障

研究生教育的质量保障，指为更好地配置研究生教育质量特征，使研究生教育质量特征能够更好地满足利益相关者的需求，提升利益相关者的满意度，在质量管理的思想指导下，结合研究生教育的客观特点而采取的各项措施。本研究重点分析研究生教育核心利益相关者对研究生教育质量保障措施的看法，并以核心利益相关者的感知作为对各项研究生教育质量保障要素重要程度和有效性程度进行评判的重要标准。

3.1.3 模型建构思路

为了更好地实施研究生教育质量保障，本研究将质量功能展开理论、系统理论和利益相关者理论综合运用于研究生教育质量管理领域，沿着

"相关者需求—质量特征—质量保障"的质量改进思路,构建研究生教育质量功能展开模型,提出一套以满足相关者需求为目标的研究生教育质量保障和质量改进方法。模型建构的思路如图3-2所示。

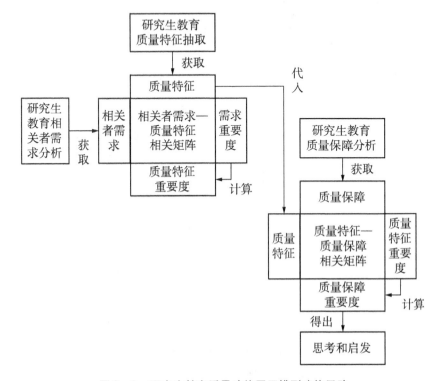

图3-2 研究生教育质量功能展开模型建构思路

研究生教育质量功能展开模型的构建和应用,都要从把握利益相关者对研究生教育的需求出发,通过不断地观察和挖掘,识别利益相关者对研究生教育明确的或隐含的需求。

3.1.4 模型概念框架

本研究构建的研究生教育质量功能展开模型,其总体框架如图3-3所示。

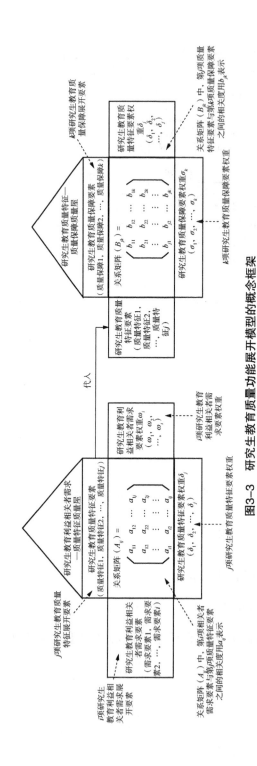

图3-3 研究生教育质量功能展开模型的概念框架

3.2 模型的基本原理

研究生教育质量功能展开模型是质量功能展开理论和质量屋方法在教育质量管理领域的应用，模型具有展开的、系统的、面向重点的和需求变换的四个基本原理。

3.2.1 展开的原理

"展开"的原理既是质量功能展开理论的基本原理，也是本研究构建的研究生教育质量功能展开模型的基本原理。这里的"展开"有两方面含义，既包括对各构成要素展开，也包括沿着"相关者需求—质量特征—质量保障"思路的逻辑展开。

要素展开指构建研究生教育质量功能展开模型时，对相关者需求、质量特征与质量保障各概念的具体细化和要素构成分析。依据一定的管理学理论或质量管理理论，分别对研究生教育相关者需求、质量特征与质量保障进行分析，对它们内部的要素进行横向的一阶展开和二阶展开，使得研究生教育利益相关者需求、质量特征与质量保障3个列表（图2-2）中的要素随着展开变得体系化和可视化。

模型以"相关者需求—质量特征—质量保障"为思路，围绕利益相关者的需求，配置研究生教育质量特征并采取质量保障措施，把相关者需求转变为研究生教育活动中的参与者和管理者都能够理解和执行的具体信息，以便于研究生教育质量管理和质量改进活动的开展，能够有效保证在研究生教育质量功能展开模型应用的全过程中，采取的质量保障措施都以持续提升研究生教育质量、提升利益相关者的满意度为目的。

3.2.2 系统的原理

本研究中构建研究生教育质量功能展开模型，首先要弄清它是由哪些要素按照什么样的方式相互关联的。对研究生教育相关者需求、质量特征及质量保障概念进行分析时，将它们分别看作由若干个要素构成且各要素间有内在联系的整体，根据文献回顾、理论研究及专家访谈，分别对相关者需求、质量特征及质量保障进行一阶构面展开和二阶具体要素展开，建立相应的相关者需求展开分量表、质量特征展开分量表及质量保障展开分量表。

其次分析相关者需求与质量特征和质量保障三者之间的关系。通过相关者需求—质量特征质量屋和质量特征—质量保障质量屋，将研究生教育相关者需求、质量特征及质量保障3个要素列表和3个要素矩阵分别联系起来，共同构成研究生教育质量功能展开模型。

由于本研究构建的研究生教育质量功能展开模型是建立在当前我国研究生教育现状和对我国研究生教育质量管理现状分析的基础之上的，受到系统外部环境的影响，有一定的时间边界和空间边界。由于研究生教育及教育质量管理系统会与研究生教育内外部环境发生激烈的相互影响和相互作用，随着时间的推移，当研究生教育进入新的发展阶段或发生巨大变化时，需要重新对研究生教育的利益相关者进行界定，重新进行相关者需求分析、质量特征配置和质量保障措施部署，并重新构建相关者需求—质量特征相关矩阵和质量特征—质量保障相关矩阵，整个研究生教育质量功能展开模型的各个构成部分均需要大幅度修改。

3.2.3　面向重点原理

由于研究生教育质量功能展开模型的"展开"基本原理注重全面网罗性，经展开的相关者需求要素列表、质量特征要素列表及质量保障要素列表变得庞大，重点要素项容易被埋没其中变得不明确。

为此，通过了解各项相关者需求要素的重要程度，并以此分析和选定研究生教育质量特征重点要素和研究生教育质量保障重点措施，有助于更好地实施研究生教育质量改进。在建立相关者需求展开分量表、质量特征展开分量表和质量保障展开分量表时，要能够体现满足相关者需求的战略目标和工作重心，还需要分析各分量表要素的内在关系和协调性，以使研究生教育质量功能展开模型的建构更加客观合理。如分析要素间是否相互独立，要增加某种相关者需求要素时是否要去掉另一种需求要素；又如通过理论研究和实证检验进行质量特征要素和质量保障要素的自相关分析，以保留更全面合理且个数适当的要素；等等。

3.2.4　需求变换原理

研究生教育质量功能展开模型是从把握相关者需求开始，向研究生教育质量特征设计配置、质量保障措施部署的方向展开的。对相关者需求分析的结果为质量屋关系矩阵提供了重要的信息输入，确保整个模型分析和展开过程都围绕着改进研究生教育质量、提高相关者满意度进行，并需要通过质量屋相关矩阵来实现由相关者视角向质量特征视角变化并进一步向质量保障视角变换的过程。

对研究生教育质量功能展开模型的运用首先要准确地识别相关者的需求和愿望，为了提高利益相关者的满意度，分析什么样的质量特征能够满足相关者需求，以及采取什么样的保障措施能够更好地设计质量特征从而满足相关者需求，需要听取来自学界、教育管理者及各类利益相关者的意见，"质量屋的许多优点都来自于对问题的相互理解和为解决问题的共同工作，共同参与这一沟通流程的各个方面"[256]。虽然不是所有的利益相关者都能够完全清楚并准确说出他（它）们对研究生教育的需求和愿望，但他（它）们有能力感知到各项需求的重要程度，从而有能力对相关者需求展开量表中的各项要素进行比较和排序，且这种比较和排序的结果是有参考价值的。

在研究生教育质量功能展开模型的从相关者需求到质量特征变换及质量特征向质量保障变换的两次变换过程中，两个质量屋及关系矩阵起着重要的作用。因而两个相关矩阵的相关度评分，需要交给对研究生教育有一定认识和了解的专家来评判，使来自大样本调查中的利益相关者需求要素重要度能够有效地传递至研究生教育质量特征重要度及研究生教育质量保障重要度，确保最后挑选出的关键相关者需求要素、关键质量特征要素和关键质量保障要素的科学可靠性，也有利于两个质量屋分析过程并行地开展，尽量减小受主观影响带来的不良后果。

3.3 模型的结构组成

本研究建立的研究生教育质量功能展开模型总体框架由3个要素列表、3个要素权重矩阵和2个相关矩阵共8个部分组成。3个要素列表包括研究生教育相关者需求要素列表、研究生教育质量特征要素列表以及研究生教育质量保障要素列表；3个要素权重矩阵包括研究生教育相关者需求要素权重矩阵（ω_i）、研究生教育质量特征要素权重矩阵（δ_j）、研究生教育质量保障要素权重矩阵（σ_k）；2个相关矩阵包括研究生教育相关者需求—质量特征相关矩阵[A_{ij}]、研究生教育质量特征—质量保障相关矩阵[B_{ij}]。

3.3.1 相关者需求

在对研究生教育利益相关者的需求全面调研的基础上，对研究生教育利益相关者的需求要素进行列表分析，确定利益相关者对研究生教育的需求是"什么（WHATs）"，研究生教育利益相关者的需求主要分为哪几个方面，各方面又包含了哪些要素。

根据文献归纳和理论分析设计研究生教育利益相关者需求展开分量表，构建包含 i 项要素的研究生教育利益相关者需求展开列表；并在实证检验中通过对研究生教育核心利益相关者进行的问卷调查，测试和检查相关者的需求是否被正确地理解了、全面地概括了，以便在利益相关者需求—质量特征质量屋中将利益相关者的需求准确地转化为研究生教育质量特征的设计。

3.3.2 质量特征

分析为满足利益相关者的需求应"如何（HOWs）"去做，"怎样（HOWs）"的研究生教育质量是能够满足利益相关者需求的。将利益相关者对研究生教育的需求转化为可观察、可度量的研究生教育质量特征，对研究生教育质量特征要素进行列表分析，分析研究生教育质量体现在哪些方面，各方面又包含了哪些要素。

根据文献归纳和理论分析设计研究生教育利益相关者需求展开分量表，构建包含 j 项要素的研究生教育质量特征展开要素列表。在实证检验中通过对研究生教育核心利益相关者进行的问卷调查，可以测试和检查他（它）们的需求是否被正确地理解了、全面地概括了，以便在利益相关者需求—质量特征质量屋中将利益相关者的需求准确地转化为研究生教育质量特征的设计。

3.3.3 相关者需求权重矩阵

由利益相关者对各项需求进行定量评分，以表示各项需求对他（它）们而言有多重要，应优先满足利益相关者的哪些需求。

在实证检验中将通过对研究生教育核心利益相关者进行问卷测试获取相关者需求权重数据，问卷中对利益相关者可能的各项需求进行描述，大样本的问卷调查结果将有助于更好地保障权重数据的有效性和可信度。让研究生教育核心利益相关者根据他（它）们的感知，对第 i 项利益相关者需求的重要度进行评判，评分区间为 1~5，分数越高则重要度越高，根据第 i 项利益相关者需求得分及利益相关者需求展开整体量表的总分可以得到各项利益相关者需求要素的权重矩阵（ω_i）。

3.3.4 相关者需求—质量特征相关矩阵

根据研究生教育利益相关者需求展开要素列表和研究生教育质量特征展开要素列表，可以建立研究生教育利益相关者需求—质量特征相关矩阵，然后需要对研究生教育利益相关者需求展开要素与质量特征展开要素之间的关系程度进行分析。用相关者需求—质量特征相关矩阵表示各项相关者需求要素与各项质量特征要素之间的关系程度，分析哪些要素之间是强相关，哪些要素之间是中度相关，哪些要素之间是弱相关，哪些要素之间是不相关。

为了更有效、可靠地获取研究生教育利益相关者需求—质量特征相关矩阵及其间的相关度，本研究请包含数名研究生教育利益相关者的专家小组中的各位专家分别对研究生教育利益相关者需求展开分量表的第 i 项要素与研究生教育质量特征展开分量表的第 j 项要素间的相关度进行评分，评分区间为 0~5，分数越高则相关度越高，0 代表不相关，1 代表低度相关，3 代表中度相关，5 代表高度相关，最后还要对各位专家的评分进行汇总。将汇总后的研究生教育利益相关者需求展开分量表的第 i 项要素与研究生教育质量特征展开分量表的第 j 项要素间的相关度 a_{ij} 填入对应空格，得到完整的研究生教育利益相关者需求—质量特征相关矩阵，最终组成相关矩阵 $[A_{ij}]$。

3.3.5 质量特征权重矩阵

由以上的研究生教育利益相关者需求展开要素列表及要素权重矩阵（ω_i）、研究生教育质量特征展开要素列表及利益相关者需求—质量特征相关矩阵 $[A_{ij}]$，可以计算出研究生教育质量特征要素的权重矩阵（δ_j）。即完成从"需要什么"到"哪些特征能满足需要"的转变，得到各项研究生教育质量特征要素分别有多重要，应优先配置哪些方面的质量特征。

3.3.6 质量保障

分析为了更好地配置研究生教育质量特征，从而更好地满足利益相关者的需求，应"如何（HOWs）"去做，怎样的研究生教育质量保障是有效的。研究生教育质量功能展开模型的研究生教育质量特征—质量保障质量屋的主要作用就在于将研究生教育的质量转化为更清晰的研究生教育质量特征，并且当研究生教育质量特征—质量保障质量屋与利益相关者需求—

质量特征质量屋相联系时，这些质量保障方案便得以建立在利益相关者需求的基础之上。

根据文献归纳和理论分析设计研究生教育质量保障展开分量表，构建包含 k 项要素的研究生教育质量保障展开要素列表。在此基础上通过对研究生教育核心利益相关者进行的问卷调查，可以测试和检查研究生教育质量保障要素是否被全面地概括了，以便在研究生教育质量特征—质量保障质量屋中将研究生教育质量特征准确地转化为研究生教育质量保障方案的设计。

3.3.7 质量特征—质量保障相关矩阵

根据研究生教育质量特征展开要素列表和研究生教育质量保障展开要素列表，可以建立研究生教育质量特征—质量保障相关矩阵。质量特征在研究生教育利益相关者需求—质量特征质量屋中，是作为"如何（HOWs）"出现的，是为了使利益相关者的需求得到满足而设计的。然而质量特征在研究生教育质量特征—质量保障质量屋中也可以作为"什么（WHATs）"来理解，可将其理解为研究生教育质量主要体现在"什么（WHATs）"方面，通过"哪些（WHATs）"质量特征可以评价和测量研究生教育质量，采取相应的质量保障方案，有助于配置建立在利益相关者需求基础上的各项研究生教育质量特征，从而更好地使研究生教育利益相关者的需求得到满足。因此，研究生教育利益相关者需求—质量特征质量屋中的质量特征可以直接代入研究生教育质量特征—质量保障质量屋中。

分析研究生教育质量特征展开要素与质量保障展开要素之间的关系程度，通过质量特征—质量保障相关矩阵表示各项研究生教育质量特征要素与各项研究生教育质量保障要素之间的关系程度，哪些要素之间是强相关，哪些要素之间是中度相关，哪些要素之间是弱相关，哪些要素之间是不相关。

为了更有效、可靠地获取研究生教育质量特征—质量保障相关矩阵及其间的相关度，本研究请包含数名研究生教育利益相关者的专家小组中的各位专家分别对研究生教育质量特征展开分量表的第 j 项要素与研究生教育质量保障展开分量表的第 k 项要素间的相关度进行评分，评分区间为 $0\sim5$，分数越高则相关度越高，0 代表不相关，1 代表低度相关，3 代表中度相关，5 代表高度相关，最后还要对各位专家的评分进行汇总。将汇总后的研究生教育质量特征展开分量表的第 j 项要素与研究生教育质量保障展开分量表的

第 k 项要素间的相关度 b_{jk} 填入对应空格,得到完整的研究生教育质量特征—质量保障相关矩阵,最终组成相关矩阵 $[B_{jk}]$。

3.3.8 质量保障权重矩阵

由以上的研究生教育质量特征展开要素列表及要素权重矩阵 (δ_j)、研究生教育质量特征展开要素列表及质量特征—质量保障相关矩阵 $[B_{jk}]$,可以计算出研究生教育质量保障要素的权重矩阵 (σ_k)。即完成从"着重配置什么质量特征"到"采取哪些措施能够最有效保障质量,从而满足利益相关者的需求"的转变,得到各项研究生教育质量保障要素分别有多重要,应考虑优先采取哪些质量保障手段。

3.4 模型的运算方法

在研究生教育质量功能展开模型中,相关者需求—质量特征相关矩阵 $[A_{ij}]$ 和质量特征—质量保障相关矩阵 $[B_{ij}]$,以及相关者需求要素权重矩阵 (ω_i)、质量特征要素权重矩阵 (δ_j)、质量保障要素权重矩阵 (σ_k),都需要通过数据统计或数学运算的方法得出。以下将分别就相关矩阵的计算方法和要素权重矩阵的计算方法进行说明。

3.4.1 相关矩阵计算

在计算相关者需求与质量特征相关度、质量特征与质量保障相关度时,需要先根据相关者需求要素列表、质量特征要素列表和质量保障要素列表构建相关者需求—质量特征相关矩阵框架及质量特征—质量保障相关矩阵框架。邀请来自管理学领域或教育学领域专家或研究者组建专家评判小组,让他们分别对相关者需求—质量特征相关矩阵框架及质量特征—质量保障相关矩阵框架中的相关度进行评分,评分区间为 0~5,分数越高则相关度越高,0 代表不相关,1 代表低度相关,3 代表中度相关,5 代表高度相关。可以在设置专家评判小组各位成员评分的权重后,采用集值迭代方法对专家小组的评分结果进行汇总和处理。郭亚军、李德顺等学者认为,集值迭代方法适用于比较两个指标相对重要性或评判两个指标相关度的群决策过程,相较于就一个点值进行评判的方法,让评判专家就一个区间进行评判的迭代方法更符合人们的思维逻辑,因而也更合理有效[257,258]。

迭代方法的计算过程中,设指标集为 $X = \{x_1, x_2, \cdots, x_m\}$,并选取 $L(L$

≥2) 位专家，分别让每一位专家在指标集 X 中任意选取他认为最重要的 $s(1 \leq s \leq m, m$ 为指标数量）个指标。则第 n 位专家选取的结果是指标集 X 的一个子集：

$$X^n = \{x_1^{(n)}, x_2^{(n)}, \cdots, x_s^{(n)}\} \quad (n = 1, 2, \cdots, L) \tag{3-1}$$

再作示性函数：

$$\mu_n(x_y) = \begin{cases} 1, & 若 x_y \in X^{(n)} \\ 0, & 若 x_y \notin X^{(n)} \end{cases} \tag{3-2}$$

记

$$g(x_y) = \sum_{n=1}^{m} \mu_n(x_y) \quad (y = 1, 2, \cdots, m) \tag{3-3}$$

将 $g(x_y)$ 归一化后，即将比值 φ_y 作为与指标 x_y 相对应的权重系数，其中，

$$\varphi_y = g(x_y) / \sum_{n=1}^{m} g(x_y) \quad (y = 1, 2, \cdots, m) \tag{3-4}$$

而集值迭代方法则是由多位专家根据主观判断对指标的重要程度给出评分，并由评分大小可以得到新的指标重要度排序。为了避免一致性矩阵的检验，仅对相邻指标进行比较，对于相隔指标不作比较。

集值迭代方法的计算过程是，设定一正整数 $g_n(1 \leq g_n \leq m)$ 为初值，并选取 $L(L \geq 2)$ 位专家，分别让每一位专家依次按下述步骤选择指标：第一步，在 X 中选择他认为最高的 g_n 个指标，得子集 $X_{1n} = \{x_{1n,1}, x_{1n,2}, \cdots, x_{1n,g_n}\} \subset X$；第二步，在 X 中选择他认为最重要的 $2g_n$ 个指标，得子集 $X_{2n} = \{x_{2n,1}, x_{2n,2}, \cdots, x_{2n,g_n}\} \subset X$；第三步及其后的步骤依次下去，当自然数 s_n 满足

$$s_n g_n + r_n = m \quad (0 \leq r_n \leq g_n) \tag{3-5}$$

则每位专家在指标集 X 中依次选取了他认为重要的指标，过程结束并得到 s_n 个指标子集，接下来则计算指标的权重。

对于含有 i 项要素的研究生教育相关者需求展开分量表，计算示性函数

$$g(x_y) = \sum_{n=1}^{m} \mu_{in}(x_y) \quad (y = 1, 2, \cdots, m) \tag{3-6}$$

其中，

$$\mu_{in}(x_y) = \begin{cases} 1, & 若 x_y \in X_{in} \\ 0, & 若 x_y \notin X_{in} \end{cases} \quad (i = 1, 2, \cdots, s_n, \quad n = 1, 2, \cdots, L)$$

$$\tag{3-7}$$

对于含有 j 项要素的研究生教育质量特征展开分量表，将 $g(x_j)$ 归一化后，则得与指标相对应的权重系数为：

$$\varphi_y = g(x_y) / \sum_{n=1}^{m} g(x_y) \quad (y = 1, 2, \cdots, m) \qquad (3-8)$$

当某个指标一直未被选中,则权重系数调整为:

$$\varphi_y = \left[g(x_y) + \frac{1}{2m} \right] / \left[\sum_{n=1}^{m} g(x_y) + \frac{1}{2m} \right] \quad (y = 1, 2, \cdots, m) \quad (3-9)$$

采用集值迭代方法对专家小组各位成员的评分结果进行汇总后,得到第 i 项相关者需求要素与第 j 项质量特征要素之间的相关度 a_{ij},则汇总后的相关者需求—质量特征相关矩阵为:

$$[A_{ij}] = \begin{bmatrix} a_{11} & a_{12} & \cdots & a_{1j} \\ a_{21} & a_{22} & \cdots & a_{2j} \\ \vdots & \vdots & \vdots & \vdots \\ a_{i1} & a_{i2} & \cdots & a_{ij} \end{bmatrix} \qquad (3-10)$$

同样,采用集值迭代方法对专家小组各位成员的评分结果进行汇总后,得到第 j 项质量特征要素与第 k 项质量保障要素之间的相关度 b_{jk},则汇总后的质量特征—质量保障相关矩阵为:

$$[B_{jk}] = \begin{bmatrix} b_{11} & b_{12} & \cdots & b_{1k} \\ b_{21} & b_{22} & \cdots & b_{2k} \\ \vdots & \vdots & \vdots & \vdots \\ b_{j1} & b_{j2} & \cdots & b_{jk} \end{bmatrix} \qquad (3-11)$$

3.4.2 权重矩阵计算

相关者需求要素权重矩阵、质量特征要素权重矩阵和质量保障要素权重矩阵的计算,也需要建立在相关者需求要素列表、质量特征要素列表和质量保障要素列表的基础上。首先通过问卷调查获取各项相关者需求要素的权重;其次根据相关者需求—质量特征相关矩阵,计算出各项质量特征要素的权重;最后根据质量特征—质量保障相关矩阵,计算出各项质量保障要素的权重。

确定相关者需求要素的权重是质量功能展开方法运用时最关键的步骤,合理地确定需求要素权重有利于从源头上提升整个质量功能展开模型的有效性和可靠性程度。而在系统综合评价中,如何确定各需求要素相对于需求总体的相对重要度(权重)也是一个热点难点问题。目前已有许多专家学者提出许多种方法来帮助解决这个问题,现阶段应用较广的是由 T. L.

Saaty 提出的层次分析法（analytic hierarchy process，AHP），层次分析法及其衍生的模糊层次分析法（fuzzy analytic hierarchy process，FAHP）或数据包络层次分析法（data envelopment analysis - analytic hierarchy process，DEA - AHP）等方法在与质量屋的结合运用上也有许多算例，如秦敬民、宋丽丽等在研究教育领域的质量管理问题时都综合采用了层次分析法及质量功能展开方法[259,260]。

由于层次分析法是以专家根据个人的知识和经验对两个评价指标之间给出的比值作为判断矩阵的元素，需要对矩阵中要素的一致性进行检验，然而当判断矩阵中的指标数量较多（超过9个）时，采用层次分析法要面对一致性条件很难满足这一问题，因此也就很难通过一致性检验。而模糊层次分析法虽然一般不需检验判断矩阵的一致性，且能够较好地克服由专家的个人偏好及主观判断对决策的负面影响，但是当研究中的要素数量较多时，引入模糊数不但增加了计算工作量，还会影响选择的准确性，同时在采用哪种模糊数形式（如三角模糊数、梯形模糊数、正态分布模糊数等）的选择上也可能给研究结果带来更大的不稳定性。

经过多方比较，本研究最终选择依照传统质量功能展开方法，计算相关者需求要素的权重值。通过综合文献和理论分析，结合研究生教育相关领域的专家和学者意见以及小组讨论，本研究建立相关者需求展开分量表和题项库并设计调查问卷；选择长期接触且熟悉我国研究生教育的核心利益相关者作为调查对象，并确保样本量足够大；让受访者对分量表上各项需求要素的重要程度进行主观评分，评分区间为 1~5，评分越高则表示重要度越高；对调查问卷获取到的评分结果进行分析，以便对各项需求要素进行比较和排序。记第 i 项需求要素得分的平均值为 $\alpha_i(i = 1,2,\cdots,n)$，第 i 项需求要素的权重 $\omega_i(i = 1,2,\cdots,n)$ 的计算公式为：

$$\omega_i = \alpha_i \Big/ \sum_{i=1}^{n} \alpha_i \qquad (3-12)$$

得到研究生教育相关者需求要素的权重矩阵（ω_i）后，根据相关者需求—质量特征相关矩阵 $[A_{ij}]$ 可计算出研究生教育质量特征要素的权重。一般在运用质量屋工具时，从需求要素重要度到质量特征要素重要度的转换可以通过比例分配法或独立配点法进行。考虑到比例分配法中的相关度分布情况可能会影响质量特征权重计算结果，本研究采用独立配点法，即将第 j 项需求要素的重要度直接与对应相关度 a_{ij} 相乘，再纵向合计的方法。第 j 项质量特征要素的权重 $\delta_j(j = 1,2,\cdots,n)$ 的计算公式为：

$$\delta_j = \sum_{i=1}^{n} \omega_i \times [A_{ij}] \bigg/ \sum_{j=1}^{n} \left(\sum_{i=1}^{n} \omega_i \times [A_{ij}] \right) \qquad (3-13)$$

按类似于质量特征要素权重的计算方法,得到研究生教育质量特征要素的权重矩阵(δ_j)后,根据质量特征—质量保障相关矩阵$[B_{jk}]$可计算出研究生教育质量保障要素的权重。本研究同样采用独立配点法计算质量保障要素的重要度,即将第j项质量特征要素的重要度直接与对应的相关度b_{jk}相乘,再纵向合计的方法。第k项质量保障要素的权重$\sigma_k (k=1,2,\cdots,n)$的计算公式为:

$$\sigma_k = \sum_{j=1}^{n} \delta_j \times [B_{jk}] \bigg/ \sum_{k=1}^{n} \left(\sum_{j=1}^{n} \delta_j \times [B_{jk}] \right) \qquad (3-14)$$

3.5 本章小结

本章在质量功能展开理论、系统理论和利益相关者理论基础上建构研究生教育质量功能展开模型。首先说明了模型建构的客观依据,在大量阅读文献的基础上对模型中的重要概念进行界定,沿着"相关者需求—质量特征—质量保障"的思路建构模型的总体概念框架。其次介绍了研究生教育质量功能展开模型展开的、系统的、面向重点的和需求变换的4个基本原理。然后对模型的3个要素展开列表、3个要素权重矩阵和2个相关矩阵共8个组成部分的来源和用途进行详细说明。最后结合本文的研究目的和研究生教育质量功能展开模型的特点,说明2个相关矩阵和3个要素权重矩阵的具体计算方法。

第4章 研究生教育质量功能展开模型的结构分析

在第3章构建的研究生教育质量功能展开模型整体框架的基础上，根据模型的结构组成内容，本章将建立模型中的3个要素列表并构建2个相关矩阵框架。在参考前人研究的基础上，对管理学和教育学领域的专家学者进行访谈后，对相关者需求、质量特征和质量保障的要素分别进行深入分析，形成初步的假设。通过问卷调查方法获取数据，通过数理统计方法检验假设，得到构成模型的相关者需求要素、质量特征要素、质量保障要素列表，并构造2个相关矩阵的框架。而2个完整的相关矩阵中的相关度和3个要素权重矩阵还需要在下一章中，通过模型应用的实证研究获取。

4.1 模型结构与假设

在研究生教育质量功能展开模型的建构中，一方面需要将研究生教育利益相关者需求、质量特征和质量保障等概念展开，分析其中包含的要素；另一方面需要借助相关矩阵，将利益相关者需求沿着"相关者需求—质量特征—质量保障"的思路，向研究生教育质量特征及研究生教育质量保障的逻辑展开。因此，本研究将分别对研究生教育利益相关者需求、研究生教育质量特征和研究生教育质量保障进行分析，梳理它们各自的要素构成，建立3个分量表使其具体化，并构建研究生教育利益相关者需求—质量特征相关矩阵框架和研究生教育质量特征—质量保障相关矩阵框架，将利益相关者需求与研究生教育质量特征联系起来，确保开展的研究生教育质量保障和改进活动都是以满足利益相关者需求为目标的。

4.1.1 相关者需求分析

政府教育管理部门、研究生、高校和用人单位等利益相关者都对研究生教育投入了大量的资源，不同利益相关者对研究生教育也有不同的期望。政府对研究生教育的期望主要在于，由研究生教育产生的大量高素质人才储备，对满足社会需求、促进经济发展、引领道德文化具有积极的作用；研究生一方面希望通过受教育提升知识掌握和应用水平及个人素质，另一方面也希望研究生教育能够使他们更好地适应社会、职业需要，以利于其自我价值的实现；高校是研究生教育的承担者，其既需要有一定的资源为社会提供适用人才和服务以满足当前社会需要，又需要通过高水平的教育成果来提升高校的知名度和美誉度，从而获取更多的研究生教育资源；用人单位是研究生教育产品的最终消费者，它们更关注于研究生教育的人才培养和科研成果是否能够转化为技术和生产力。

虽然各类利益相关者对研究生教育的需求各有不同，但最终都集中在研究生教育培养出的高素质人才上，通过人才及人才培养过程中创造的知识，作用于国家和社会经济文化的发展、高校的发展以及受教育者本人的发展。各类利益相关者对研究生教育质量的期望，共同体现在研究生人才培养、知识创造、社会服务和文化引领四大方面，研究生教育的这四方面功能是个很庞大的集合，其中的要素相互渗透相互簇生，难以分离。因而前人的相关研究中对研究生教育相关者需求的探讨大多非常抽象，少有对其中包含的要素构成进一步细化的。而不对研究生教育相关者需求概念进行明确地细化，其实际状态和内容构成不明确，就只能在总体上进行定性的探讨而难以在实际中应用。

为了更全面地梳理利益相关者对研究生教育的期望和需求，本研究基于 ERG（existence - relatedness - growth）理论来对研究生教育核心利益相关者的需求进行分析。ERG 理论是奥尔德弗（Clayton Alderfer）等学者进行多次实证研究后提出的，该理论强调同一时间内可能有不止一种需要在起主导作用，且当较高层次需要受到抑制难以满足时，人们对较低层次需要的渴望会变得更加强烈。其中的生存需求（existence needs）指维持生存的基本的物质资源；关系需求（relatedness needs）指来自个人外部的，与他人的相互交往和相互作用及保持这种人际关系的需求；成长需求（growth needs）主要指来自个人求知、求美、谋求发展并获得自信等方面的内在愿望。ERG 理论经过不断的验证和拓展，目前已被广泛应用在心理学、组织行为学、企业管理学等领域[261]，其有效性与适用性也已得到了证明。研究生教育的利益相关者即参与研究生教育活动中对教育质量有影响的人，因此本研究根据 ERG 理论，以利益相关者对研究生教育不同层次的期望和需求为研究切入点，将利益相关者对研究生教育质量的期望和需求分为基本条件、互动关系和发展成就三个层面。

1）利益相关者对研究生教育在基本条件层面上的需求，指高校能够开展研究生教育应具备的最基本的条件，包括图书馆、教室等基础教学设施，食堂、宿舍等配套后勤服务，实验室和仪器等科研试验资源，还包括对这些设施、服务、资源的配套管理机制。拥有这些基本条件，才能使研究生教学、科研活动顺利地开展。许多学者的研究中都提出研究生教育应在传授理论知识和培养学生实践技能等方面具有较高的水平[262,263]，也有学者倾向于从教学内容和教学手段等方面来评价硕士、博士研究生教育质量，认为研究生层次的教学模式应区别于其他层次的高等教育[264]。研究生教育与本科基础教育最大的区别在于，研究生在更深层次科学研究和在探索未知世界方面发挥作用，因而能够承担研究生教育的高校所具备的硬件器材设施和配套软件环境也应该更为先进和齐全。

2）利益相关者对研究生教育在互动关系层面上的需求，包括研究生培养高校内部的院系之间、师生之间、学生之间的来往，也包括研究生培养高校与政府管理部门、其他高校、用人单位等外部利益相关者的合作和交流。校内有和谐的人际关系、跨学科的学术交流和浓厚的学术氛围，有助于增强研究生和教职人员的归属感，激发他们活动的积极性；校外有良好的产学合作、频繁的校际交流及宣传渠道，有助于彼此意见沟通和进一步增强校企、校社、校际交流，有利于提升研究生教育质量和利益相关者的满意度。目前研究生教育中的信息不对称现象非常严重，高校外部的利益相关者往往很难全面了解研究生培养信息，如专业设置及培养目标、课程实验安排、毕业生就业状况等[265]，而高校内部的利益相关者也很需要获取和更新行业人才需求等方面的信息。

3）利益相关者对研究生教育在发展成就层面上的需求，一方面指研究生个人通过受教育掌握的专业知识及知识应用能力，对个人就业竞争力的提升，能够使研究生本人更加自信也更容易被社会认可[266]；另一方面指研究生培养高校和社会通过研究生教育获得的发展也受益，研究生教育水平不仅影响研究生培养高校未来的资源获取能力，对地区经济发展和地方政府政绩也有很大影响，用人单位及合作单位提供了高工资、实习机会和科研项目，也期望科研成果有较高的转化率[267]。人们在提供了大量的公共资助之后希望大学为公众提供有助于解决重大社会问题的服务来回报社会[268]，这些重大社会问题不但包括高等教育传统的三大目标——创造学问、培养人才、服务社会，还要代表"社会的良心"，因而高层次人才的思想道德素质也越来越被强调。

4.1.2 质量特征分析

研究生教育需要具备某些质量特征，以在一定程度上满足利益相关者对其明确的或潜在的需求，对研究生教育质量高低的评价也应该取决于利益相关者的实际感知与预期之间的差异。在探讨如何评价研究生教育质量的问题之前，首先应明确研究生教育质量应表现在哪些方面，应该根据哪些指标来测量和评价研究生教育的质量，以及选用怎样的质量分析方法。

本研究基于SERVQUAL质量评价模型，结合教育领域区别于其他服务行业的特点和性质，对研究生教育质量特征进行分析。SERVQUAL理论发源于20世纪80年代末，Parasuraman、Zeithaml和Berry三位学者在全面质量管理的理论框架内，建立了根据顾客感知具体测量服务质量差距的SERVQUAL理论及质量测量标尺[269,270]。最初的SERVQUAL标尺分为可靠性（reliability）、响应性（responsiveness）、保证性（assurance）、关怀性（empathy）和有形性（tangibles）五个维度。SERVQUAL模型的信度和效度经过了众多学者在管理学、心理学等领域的验证，在高等教育质量评价领域也得到了广泛认可。国内外有许多学者将评价服务质量的SERVQUAL模型及其五个指标引入到高等教育质量评价中进行理论探讨[271,272]，他们指出在高等教育质量管理中应用SERVQUAL，与其他质量评价方式相比，其独特的视角和强大的诊断功能都大大提高了针对性和生命力[273]。也有许多学者开展了SERVQUAL模型在高等教育服务质量评估中的实证研究，研究的结果表明SERVQUAL模型在高等教育服务质量评估中不仅可行，而且具有很好的应用前景[274]。

虽然五维度的SERVQUAL模型量表在许多领域得到了日益广泛的应用和深入的研究，但也有许多学者指出SERVQUAL的维度和题项具有定义模糊、稳定性不足等缺陷，认为需要结合具体情况对其进行修改后才能运用[275-277]。由于研究生教育与其他服务有较大的区别，本研究在SERVQUAL模型的基础上对各个维度进行了一定修改，具体如表4-1所示。

表4-1 研究生教育质量特征分析框架

原SERVQUAL模型维度		研究生教育质量特征维度	
维度	概念	维度	概念
可靠性（reliability）	指公司可靠、准确地履行服务承诺的能力	可靠性（dependability）	指使研究生教育活动平稳有序开展及达成培养目标的能力
响应性（responsiveness）	指公司迅速帮助顾客并提高服务水平的意愿和能力	响应性（responsiveness）	指研究生教育与利益相关者保持沟通并及时做出回应的能力和意愿
无	无	声誉性（fame）	指研究生教育能够使利益相关者感觉到被尊敬的来自社会的正面评价
保证性（assurance）	指公司员工在知识、礼节等方面表达出自信并令顾客感到可信的能力	无	（整理后归入可靠性和关怀性中）
关怀性（empathy）	指公司能够主动关心顾客，了解顾客需求并提供个性化服务	关怀性（empathy）	指研究生教育为使利益相关者更满意而提供的人性化的服务
有形性（tangibles）	指公司拥有员工、设备等有助于实现组织目标的物质条件	无	（整理后归入可靠性和声誉性中）

资料来源：根据Parasuraman、Zeitham和Berry的SERVQUAL模型量表整理及自拟。

(1) 研究生教育质量的可靠性特征。

研究生教育质量的可靠性特征指研究生教育平稳有序地开展，并保证培养目标的达成的能力。研究生教育质量的可靠性特征包括合理的培养方案、良好的教学条件、高水平的师资队伍和保证教学正常开展的管理机制等方面。研究生教育成果应与其承诺的目标一致，因而培养方案和计划应该是与培养目标相适应的，应该能够有效保障培养目标的达成[278]。目前我国国家和省一级的教育主管部门已形成定期对高等学校教育教学质量进行监督检查的制度，重点考核和评估研究生教育的场地、设备、教职人员等资源条件，并从研究生教育活动的开展情况等方面"诊断"研究生教育质量，因此研究生教育应该拥有先进的仪器和设备等良好的物质保证，以及高水平、结构合理的师资队伍等人力保证；同时还要有配套的管理机制，从数量和质量两方面来满足利益相关者需求，不但使研究生教育中的设备器材、空间场地、人力资源等有形资源的数量充足，更要使仪器设备先进适用，教职人员的知识结构得到及时更新、调整和补充，使研究生培养质量与社会最新需求同步[279]。

（2）研究生教育质量的响应性特征。

研究生教育质量的响应性特征指研究生培养高校对利益相关者的意见和建议做出回应的能力和意愿。高校通过搭建与利益相关者沟通的渠道，一方面定期向外公布招生、教学、就业等方面的信息，使利益相关者了解研究生教育活动开展过程及结果情况。虽然在企业管理和服务业管理中，使顾客知晓服务过程的进展更多地被划分为可靠性维度[280]，但本研究更侧重从意见交换的角度来进行阐述。高校另一方面也及时收集来自高校外部利益相关者的意见和建议，对研究生教育而言保持沟通和收集信息不是目的而是手段，更重要的是高校是否能够根据收集到的信息，快速地对利益相关者的投诉意见做出响应和整改，最终作用于提升研究生教育的质量。研究生教育的响应性还表现在对社会前沿需求的把握上，根据最新资讯调整教学模式并更新教学设备等。

（3）研究生教育质量的声誉性特征。

研究生教育质量的声誉性特征指研究生教育能够使利益相关者感觉到被尊敬的来自社会的评价。许多学者对研究生教育成果的评价主要从其学术地位和社会影响等方面来衡量[281]，优秀毕业生率、优秀毕业论文率及其他一些数据指标在现行的研究生教育机构排名或质量评价中非常常见，这些指标大部分表征着研究生教育的有形性和价值性等方面。由于研究生教育的成果中既有可测部分也有不可测部分[282]，各类利益相关者在决定是否对研究生教育进行投入及投入多少时，往往取决于培养高校的排名、毕业生的就业率和薪酬、论文或专利的发表情况、科研项目的获奖情况、知名校友和知名教授数量等可测部分，由于这些部分较容易被直接观测，所以格外受利益相关者重视。

（4）研究生教育质量的关怀性特征。

研究生教育质量的关怀性特征指研究生教育为使利益相关者更满意而提供的人性化的服务。LeBlanc 和 Nguyen 通过实证研究指出，高等教育的情感性价值和社会性价值是非常重要的[283]。研究生教育的人性化服务除了表现在教师与学生交流频繁、态度热情等方面，还应该为学生设置奖、助学金制度，提供心理咨询和就业辅导等方面服务，了解并协助研究生解决他们经济或生活上的困难。我国的研究生教育是培养高端人才的主要途径，因此研究生教育的关怀性除了体现在教学交流的人性化之外，更要提升受教育者的精神素养，秉持公平平等的理念对待所有利益相关者，培养学生的社会责任感和创新精神，从而提高整个社会对研究生教育的认同度和信心[284]。

4.1.3 质量保障分析

研究生教育质量保障是特定的群体或组织根据一套质量标准体系，按照一定程序对研究生教育的质量进行控制、审核和评估，并向社会公众和相关人士提供有关信息，其基本理念是要对学生、用人单位等各类利益相关者负责，最终目的是保持和提高研究生教育质量水平并促进研究生教育的整体发展[285]。

国家权力、市场和院校自治是高等教育保障中主要存在的三种力量[286]，虽然各利益相关者在具体目标上存在的差异可能会导致摩擦和冲突，但研究生教育中的各类利益相关者的需求总体上具有非对抗性和可整合性特点，他（它）们通过博弈来达到保障和提升研究生教育质量，实现培养高层次人才这一共同目标。根据"无限重复博弈"理论，在合适的环境和制度下，参与博弈的各方能够不断地了解其他人的行为并获取信息、及时规避风险，且选择合作的预期远期收益明显地大于非合作所带来的短期利益时，各方有望达成合作[287]。由此可以推断，要最有效地改进和提升研究生教育质量，可以通过利益相关者的有效合作来实现。目前参与我国研究生教育质量保障活动的机构和组织中，既有政府机构和高校，又有社会民间机构及学者，多元化的特点日益突出。基于前文对研究生教育中的利益相关者的分析，本研究将质量保障活动主体划分为政府教育管理部门、高校、社会机构及在读研究生四类，对他（它）们各自在研究生教育质量保障作用中担任的角色及发挥的作用进行分析。

1. 政府管理

我国学位制度实行严格的中央、地方政府和学位授予单位三级管理体制，国家学位条例规定了各级部门在学位授予和培养质量上的职责[288]。为了协调各类相关者的利益，需要强调政府对研究生教育质量管理和保障的责任，强调政府对研究生教育的监督和引导功能[289]。政府教育管理部门不但承担着研究生教育发展规划、质量监管的使命,还承担着保障高等教育的顺利开展并为高等教育改革扫除障碍的责任[290]。中央和省两级政府是研究生教育质量保障活动中最重要的参与主体,具体由国务院学位委员会办公室、全国专业学位研究生教育指导委员会及省级学位委员会办公室等机构对研究生培养高校进行指导,并会同教育部、人事部等其他相关职能部门制定研究生教育发展规划,通过立法、拨款、规划、信息服务和必要的行政手段,对研究生教育质量进行宏观管理。政府教育管理部门是高校及研究生教育的领导者和管理者,为保障研究生教育的质量,我国有严格的研究生培养资格准入制度[291],国务院学位委员会办公室还会定期对已经获得学位授予权的学科点的发展状况进行评价[292]。

2. 高校管理

高校是研究生教育的场所和主体,是各项研究生教育质量保障具体工作的落实者和承担者。研究生培养高校的教学安排、师资条件、设施管理等方面的管控都直接决定着研究生教育的质量。我国高校在研究生教育工作上多采取校、院两级管理,由学校宏观统筹规划各部门的管理职能,由研究生院或各学院具体负责处理研究生教育质量相关的各种问题。各高校大多分别制订了对研究生的培养计划、学籍信息、课程教学、实践教学及考试成绩等信息管理的机制。高校对招生入学的控制,能够通过把握输入质量从而更好地保证过程质量和输出结果的质量,许多高校的研究生教育质量保障从招生选拔时开始。我国的硕士研究生入学前都需要通过全国统一的研究生入学考试,和各高校各学科专业分别组织的面试,共同考察考生的综合素质,各高校在研究生招生方面拥有较大的自主权,北京大学等个别高校还采取了与国际接轨的研究生申请制。研究生教育过程的质量很大程度上决定了研究生教育的质量,许多高校还根据国家原教委发布的《关于改进和加强研究生工作的通知》中的要求,制定了研究生中期考核和学位论文开题报告、学位论文预答辩等制度,及时淘汰不能达到基本条件者以实现对研究生教育质量的过程保障[293]。

3. 社会协作

除了政府和高校等研究生教育保障主要力量外,许多社会机构的参与对研究生教育质量保障的作用也举足轻重。从对研究生教育的经济投入分析可知,来自银行的融资贷款及来自基金会或个人的捐赠,也为研究生教育发展提供了大量资金支持,同时有利于研究生教育资源的充分运用和保值升值。而研究生毕业生的用人单位、合作单位或其他科研院所也为研究生教育提供了各种有形或无形资源,如研究生培养高校与其他高校或科研院所之间的导师资源、课程资源、设备资源的共享,又如企业与高校通过开展产学合作方式提供实习机会或科研项目,都有利于研究生教育的发展和教育质量的提升。还有许多社会机构如麦可思公司及各类网站等对高校研究生的就业、薪酬待遇情况开展了调研,为公众了解和接触研究生教育提供了渠道。虽然我国的大学对学生毕业后除就业率外的其他信息的获取渠道还很匮乏,对外部利益相关者的反馈信息仍不够重视,也基本不再提供其他后续服务[294],但若缺乏行业的意见反馈和用人单位的支持,高校也可能会出现盲目新增专业、错误判断发展趋势等不利于研究生教育发展的诸多问题[295]。

4. 学生参与

学生扮演着消费教育服务的"顾客"和教育的主要"产品"双重角色,在研究生教育质量保障中的地位也十分重要。研究生阶段的学习中,教师的指导和课程学习只是辅助手段,更重要的是研究生的自我管理和自我目标规划。为了获得学位,研究生要通过课程学习掌握坚实的基础理论和系统的专门知识,具有独立从事科学研究工作的能力,并在科学或专门技术上做出创造性的成果[296]。许多高校还各自制定了发表一定数量的学术论文等学位论文送审的条件,研究生必须通过评审证明自己具备合格的知识、能力和综合素质后才可以进行公开的论文答辩。同时学生能够适当参与到研究生教育质量保障活动中来,与导师、教务人员和管理人员进行互动交流,表达他们对研究生教育质量的需求和愿望,不但有利于学生个人目标的实现,也有利于研究生教育未来的可持续发展。

4.2 变量和研究设计

本研究框架中所探讨的变量包括研究生教育相关者需求、研究生教育质量特征和研究生教育质量保障,本研究在总结大量文献的基础上结合专家访谈,对各变量进行操作性界定,说明研究的数据来源和具体研究对象、数据分析方法,在正式进行大样本之前还开展了预测试并对预测试结果进行分析。

4.2.1 变量的操作性界定

传统的质量功能展开方法在制造业领域的应用中,许多学者基于感性工学思想来获取需求,其主要过程如图 4-1 所示。即主要采用 Kano 需求分类、"5W1H"访谈、"头脑风暴"、KJ 法(亲和图)、树状图等方法来获取和分析顾客需求(voice of customer, VOC);首先通过"5W1H"访谈法获取与产品相关的 Who(谁)、What(什么)、When(何时)、Where(何处)、Why(为何)和 How(如何)等方面的原始数据信息;其次将以上信息整理为 VOC 表从而明确需求项目,并将意思相近的需求进行归类分组和层次划分,确保同一水平上的顾客需求的抽象程度是基本相同的,且尽量做到各类需求"完全穷尽、相互独立"。

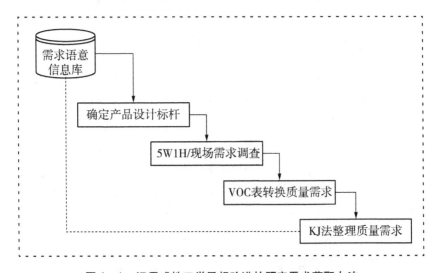

图 4-1 运用感性工学思想改进的顾客需求获取办法

资料来源:根据熊伟[172]、刘鸿恩和张列平[192]等人的相关研究成果整理而成。

然而,由于研究生教育相关者需求及研究生教育质量特征和质量保障等都是较为庞大的系统,即使是接触研究生教育实践时间最长、经验最丰富的利益相关者,往往也难以全面、准确地表达出他们对研究生教育的所有需求和所有看法。因此本研究不选择面谈形式,而是通过对前人大量文献采用内容分析法,分析和梳理出所有可能的研究生教育相关者需求、质量特征和质量保障措施,分别设计成题项。并将各题项根据语意的相似程度,聚类整理成几个维度,呈现到利益相关者面前,通过测试利益相关者对各题项的反应获取有效信息。在前文对研究生教育相关者需求、研究生教育质量特征和研究生教育质量保障分析的基础上，对题项进行筛选和分类后，对各类相关者需求、质量特征和质量保障分别设计了3个分量表，并通过对多位长期工作在研究生教育和教学管理前沿、具有丰富经验的教育管理者或学者进行访谈，对量表进行了一定的修改。

1. 研究生教育相关者需求

根据前文对研究生教育利益相关者需求的分析和提出的各项假设，结合参考李福华[297]、胡赤弟[298]、王连森[299]、胡弼成[300]等人的研究成果，设计了研究生教育核心利益相关者需求展开分量表。基于前文的分析，本研究对研究生教育利益相关者的需求提出假设H1：利益相关者对研究生教育质量的期望目标由多种需求构成：

H1-1：研究生教育的基本条件对利益相关者的满意度有显著影响；

H1-2：研究生教育的互动关系对利益相关者的满意度有显著影响；

H1-3：研究生教育的发展成就对利益相关者的满意度有显著影响。

将利益相关者对研究生教育的需求一阶展开为基本条件、互动关系和发展成就3个层面，共通过17个题项来测量，分别用代码SBD（stakeholders' basic demands）、SID（stakeholders' interact demands）和SGD（stakeholders' growth demands）进行编号，具体题项设置如表4-2所示。其中17个题项为测量变量，基本条件、互动关系和发展成就为外因潜在变量，相关者需求为内因潜在变量。

表4-2 研究生教育相关者需求展开分量表

维 度	序 号	代 码	题 项 内 容
基本条件	1	SBD1	有图书馆、教室等教学生活设施
	2	SBD2	有食堂、宿舍、网络等后勤服务支撑
	3	SBD3	有实验室和仪器设备等科研实验资源
	4	SBD4	有与教学配套的管理机制
互动关系	5	SID1	校内研究生之间关系融洽
	6	SID2	校内研究生与导师和任课教师之间的交流频繁
	7	SID3	校内院系间有跨学科交流
	8	SID4	校内科研学术氛围浓厚

续表 4-2

维　度	序　号	代　码	题项内容
互动关系	9	SID5	高校与企业共建产学合作基地和合作项目
	10	SID6	高校与国内外其他高校共享资源
	11	SID7	高校与媒体或其他机构有交流的渠道
发展成就	12	SGD1	学生的专业知识基础扎实
	13	SGD2	学生的知识应用能力强
	14	SGD3	学生的道德素质水平高
	15	SGD4	毕业生的就业竞争力强
	16	SGD5	高校的形象好，美誉度高
	17	SGD6	科研成果的转化率高

资料来源：根据相关文献整理和自拟。

2. 研究生教育质量特征

根据本研究对研究生教育特征的分析，并根据周正嵩和孙月娟[301]、马扬和张玉璐[302]、王建华[303]、刘献君[304]、袁国华[305]等人的研究成果，设计了研究生教育核心利益相关者需求展开分量表。本研究除了对 SERVQUAL 测量模型结合研究生教育领域性质进行了修改外，还修改了以往SERVQUAL 模型测量的方式，将测量对象由主观感知差距改为质量特征的重要度，仅测量质量特征能够更有效地避免信息模糊等缺陷[306,307]。因此，本研究让利益相关者直接对研究生教育各项质量特征的重要性程度进行评价，使其能更好地应用于研究生教育质量功能展开模型，从而为质量管理实践提供指导建议。基于前文的分析，本研究对研究生教育的质量特征提出假设 H2：研究生教育质量由多种特征构成：

H2-1：可靠性特征对研究生教育的质量有显著影响；

H2-2：响应性特征对研究生教育的质量有显著影响；

H2-3：声誉性特征对研究生教育的质量有显著影响；

H2-4：关怀性特征对研究生教育的质量有显著影响。

将研究生教育质量特征一阶展开为可靠性、响应性、声誉性和关怀性4个维度，通过 19 个题项来测量，分别用代码 QCD（quality characters of dependability）、QCR（quality characters of responsiveness）、QCF（quality characters of fame）和 QCE（quality characters of empathy）进行编号，具体题项

设置如表4-3所示。其中19个题项为测量变量，可靠性、响应性、声誉性和关怀性为外因潜在变量，质量特征为内因潜在变量。

表4-3 研究生教育质量特征展开分量表

维度	序号	代码	题项内容
可靠性	1	QCD1	有管理机制保障教学活动的正常有序开展
	2	QCD2	有良好的校舍、图书和设备等教学条件
	3	QCD3	有水平高、结构好的师资队伍
	4	QCD4	有科学合理的培养方案和计划
响应性	5	QCR1	定期公布研究生招生、教学、就业等信息
	6	QCR2	有定期与利益相关者交流的机制
	7	QCR3	及时对相关者的投诉意见做出回应并整改
	8	QCR4	关注社会前沿需求并不断对教学模式做出调整
	9	QCR5	定期更新和新增图书、仪器和设备
声誉性	10	QCF1	大学/学科排名位置靠前
	11	QCF2	毕业生就业率/起薪高
	12	QCF3	发表论文和专利的水平高
	13	QCF4	科研项目获奖多、等级高
	14	QCF5	知名校友、知名教授数量多
关怀性	15	QCE1	师生间交流指导时间有保证
	16	QCE2	教研、教务及管理人员态度良好
	17	QCE3	高校在教学活动中秉持公平理念，培养学生的社会责任感
	18	QCE4	高校为学生提供心理咨询、就业指导等生活服务
	19	QCE5	高校知晓并协助学生解决经济上的困难

注：已将原PZB指标中的反向提问的指标转换为正向方式表达。

3. 研究生教育质量保障

根据本研究对研究生教育质量特征的分析，结合陈廷柱[308]、郝德永[309]、张晓明[310]、许金龙和耿立卿[311]、刘在洲[312]、唐永泽[313]等人的研究成果，设计了研究生教育核心利益相关者需求展开分量表。基于前文的分析，本研究对研究生教育质量保障提出假设 H3：研究生教育质量保障由多种措施构成：

H3-1：政府管理对研究生教育质量保障有显著影响；

H3-2：高校管理对研究生教育质量保障有显著影响；

H3-3：社会协作对研究生教育质量保障有显著影响；

H3-4：学生参与对研究生教育质量保障有显著影响。

将研究生教育质量保障一阶展开为政府管理、高校管理、社会协作和学生参与4个构面，通过17个题项来测量，分别用代码 QAG（quality assurances of governments）、QAH（quality assurances of highschools）、QAC（quality assurances of community）和 QAS（quality assurances of students）进行编号，具体题项设置如表4-4所示。其中17个题项为测量变量，政府管理、高校管理、社会协作和学生参与为外因潜在变量，质量保障为内因潜在变量。

表4-4 研究生教育质量保障展开分量表

维度	序号	代码	题项内容
政府管理	1	QAG1	政府进一步健全研究生教育相关法律法规
	2	QAG2	政府制定清晰明确的战略发展规划
	3	QAG3	政府持续加大对研究生教育的财政投入
	4	QAG4	政府加强质量评估及评估结果的应用
高校管理	5	QAH1	高校控制严格研究生招生入学
	6	QAH2	高校对课程及实践教学方案内容有较好的安排
	7	QAH3	高校对教职人员有管理和激励机制
	8	QAH4	高校对教学设施有良好的管理机制
	9	QAH5	高校对研究生教育相关信息有良好的管理机制
	10	QAH6	高校严格考核教学过程
社会协作	11	QAC1	捐赠者、银行等为研究生教育提供资金支持
	12	QAC2	企业或科研机构与高校合作开展项目或联合培养学生
	13	QAC3	社会公众或机构对研究生教育提供意见、建议
	14	QAC4	第三方机构独立进行高校排名和信息公布

续表 4-4

维度	序号	代码	题项内容
学生参与	15	QAS1	学生有明确的目标规划并能进行自我管理
	16	QAS2	学生努力学习，积极参与科研项目和实践活动
	17	QAS3	学生主动与老师、学校管理人员交流并提出意见反馈

资料来源：根据相关文献整理和自拟。

结合本研究的目的和前文中构建的研究生教育质量功能展开模型，对研究生教育质量特征与相关者需求之间、研究生教育质量保障与质量特征之间、研究生教育质量保障与相关者需求之间的关系分别提出了以下假设：

H4：研究生教育质量特征对相关者需求有显著影响。

H5：研究生教育质量保障对质量特征有显著影响。

H6：研究生教育质量保障对相关者需求有显著影响。

4. 控制变量

参考前人的相关研究，选择性别、年龄、学历和职业等人口统计学变量为控制变量，以便在后续研究中分析控制变量可能产生的影响。

1）性别分为男性和女性两类。

2）年龄分为 25 岁及以下、25~35 岁、35~45 岁、45 岁及以上四类。

3）学历分为博士、硕士、本科及本科以下四类。

4）职业分为国家行政机关人员、企事业单位工作人员、高校教职人员、在读研究生四大类。

在进行问卷处理时，根据受访者填写的职业情况，结合问卷发放渠道和具体发放对象，将受访者再次整理为政府教育管理部门、高校、研究生、用人单位四类，对应于前文划分的四类研究生教育核心利益相关者。

5. 问卷编制

本研究通过文献回顾建立了测量量表题项库，在 3 个分量表的基础上设计问卷。为保证调查问卷表达得清晰准确和全面，邀请了工商管理学院的 1 位教授、2 位副教授和 2 位博士研究生，以及公共管理学院的 2 位副教授和 5 位硕士研究生，就题项的陈述方式、问卷布局等内容进行了多次讨论，形成的调查问卷见附录 1。为保证问卷具备一定的信度和效度，在正式测试前还进行了预测试，根据小样本预测试的数据分析结果以及问卷的填写状况，结合专家的指导意见，对问卷的题项设置和措辞表达进行了修改和完善。

4.2.2 数据来源和研究对象

1. 数据来源

出于对数据获取的便利性及样本的代表性和有效性考虑，本研究选择了研究者本人所在的广东省作为实证研究开展的区域。实证研究的样本来自中山大学、华南理工大学、华南师范大学、暨南大学4所具较强研究生培养实力的高校，这些高校是国家"985"工程或"211"工程重点建设的综合性大学，都以建成高水平教学研究型或研究型大学为办学目标[314]。主要采用问卷调查方式来获取数据，通过纸质问卷、电子邮件问卷和网络测试平台等方法发放及回收问卷结果。问卷发放对象则包括政府机关工作人员、高校教职人员、在读研究生和用人单位工作人员等研究生教育的核心利益相关者群体。为保证样本的质量和总体代表性，本研究采取随机抽样方法以有效搜集样本数据。

2. 研究对象的学科

根据我国教育部网站于2011年公布的资料，2010年我国研究生分学科招生情况和在校生的情况（含硕士研究生、博士研究生和专业学位研究生）如图4-2所示。

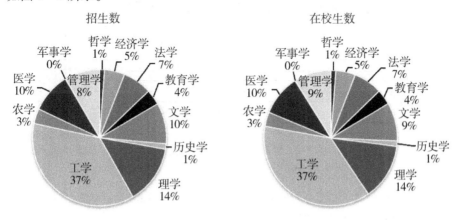

图4-2　2010年度我国研究生招生及在校生的学科构成情况

资料来源：根据教育部网站相关资料[315]整理。

由图4-2中可以看到，我国的工学、理学、医学、文学和管理学等学科的研究生培养规模较大，且这些学科的研究生教育在我国开办时间较长，发展也相对成熟。出于数据的可获取性和可靠性考虑，本研究选择了与研究者本人密切相关的，且培养规模较大、发展较成熟的管理学研究生教育为研究对象。

3. 研究对象的类型

专业学位研究生与学术型研究生是同一层次不同类型的研究生教育，专业学位研究生具有与职业紧密结合的特点，因而其培养目标和方案更重视实践性和操作性而非学术理论。至2011年，我国已累计招收专业学位研究生超过90万人。教育部为响应经济社会发展对高层次应用型人才的迫切需求，也正计划增加招收专业学位研究生的名额，用5年的时间将学术型硕士与专业学位硕士的比例调整到1:1。

虽然专业学位研究生发展迅速，前景远大，但目前我国的研究生教育仍以学术型为主，应用型人才培养规模较小且比例偏低（如图4-3所示），仅占2010年度研究生在校生数的14%和招生数的22%，专业学位的培养模式仍处在试点阶段，尚未成熟。同时，从研究生培养的学科类型上看，我国目前已设立39个专业招收专业硕士和5个专业招收专业博士，其培养规模远小于现有数百个专业的学术型硕士和博士培养规模。本研究选择学术型研究生为研究对象进行重点研究，更能体现当前我国大部分利益相关者对研究生教育的需求和对研究生教育质量特征表现的看法。

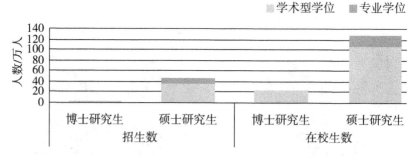

图4-3　2010年度我国研究生招生及在校生的类型构成情况
资料来源：根据教育部网站相关资料[315]整理。

4. 研究对象的层次

近10年《中国统计年鉴》上公布了中国在硕士和博士两个层次上的招生和学位授予情况，具体如图4-4所示。

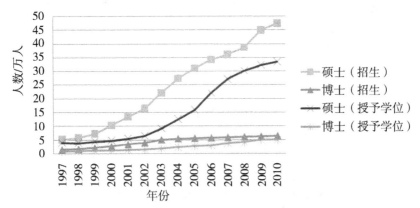

图4-4　1997—2010年我国研究生招生和学位授予的层次构成情况

资料来源：根据1998—2011年度《中国统计年鉴》相关数据整理而成。

可以看出，虽然我国研究生培养规模一直呈增长的态势，但近年来的增长速率有所放缓，这反映了我国的研究生教育在经历了一段时间的发展后已逐渐脱离补偿性增长阶段，正在向自适应增长阶段转变，逐渐由"重数量"转为"重质量"，对研究生规模的扩张持更加谨慎的态度。同时可以看到，我国硕士研究生数量的增长速度远远超过博士生数量的增长速度，这一方面是由于我国大力发展专业学位，增加了专业学位硕士研究生培养规模；另一方面则是由于博士研究生教育在高等教育大众化的背景下的定位仍然是精英教育，需要对其数量规模进行控制。综合以上分析，本研究选择了数量较大的学术型硕士层次研究生为研究对象。

4.2.3　数据分析方法

对问卷调查所收集到的数据，将进行探索性因子分析与信度分析、验证性因子分析与效度分析等工作。该部分研究主要使用的分析软件为Office 2000、Excel 2010、SPSS 17.0和AMOSS 17.0版。

1. 探索性因子分析（exploratory factor analysis，EFA）

根据前人文献可知，探索性因子分析中每个因子至少应包含3个或更多的变量,观测变量的数目至少应该是公共因子的 3~5 倍才能确保因子被有效地识别[316,317];同时出于有效性和可行性方面的考虑,在因子提取的方法选择上,本研究将采用 KMO 检验法(Kaiser – Meyer – Olkin)和碎石检验法(scree test criteri-on)等方法来确定应提取的因子数目[318,319];在因子旋转的方法选择方面,考虑到各因子之间可能存在一定程度的相关关系但这种相关关系并不显著,因此采取因子分析中最常用的最大方差法(V:Kaiser's varimax rotation)作为正交旋转方法[320,321]。

2. 信度分析(reliability)

信度主要用于衡量量表测得结果的稳定性,即用同一测量工具反复测量同一种特质对象,其多次测量结果间的一致性程度就叫信度。信度一般通过重测信度(test-retest reliability)、复本信度(alternate-forms reliability)以及同质性信度(homogeneity reliability)三种方法来评价,但由于前两种方法需要运用同一测量工具或两套平行测验对同一组样本施测两次,操作难度较大,因而本研究采用同质性信度对测量工具的信度进行验检,即考察测验工具内部所有项目之间的一致性程度,针对每个变量所对应的问卷题项计算克隆巴赫 α 系数(Cronbach's alpha)评价信度,克隆巴赫 α 系数介于 0.70~0.98 之间则可判定为高信度值,若低于 0.35 便予以拒绝[322]。

3. 效度分析(validity)

效度又分为内容效度、聚合效度和区分效度,由于在量表编制过程中已依据相关文献或理论将量表分为几个构面,并经相关专家的审核及通过预测试修订等方法来保证内容效度,本研究主要考察聚合效度和区分效度。聚合效度指测量指标或题项反映共同潜在变量的能力,一般通过平均方差提取量(average variance extracted,AVE)来测量,当 AVE 值大于 0.5 时可以认为聚合效度较高。区别效度指各因子构面与其他构面潜在特质的差别程度,各构面之间的相关性不应该达到显著水平,一般当潜在变量的 AVE 值的平方根大于该变量与其他变量的相关系数时可以认为区别效度较高。

4. 验证性因子分析(confirmatory factor analysis,CFA)

相对于探索性因子分析较常被用来确定因素个数,验证性因子分析则是建立在一定的理论模型基础之上,通过数学程序来验证该理论引出的模型是否合理,并解释潜在变量和反映变量之间的关系。针对问卷收集到的数据，本研究采用二阶验证性因子分析方法（second-order CFA model）分别对研究生教育相关者需求、质量特征和质量保障进行检验，分析 3 个测量模型各自的拟合度与适配度，并检验相关者需求与质量特征以及质量保障与质量特征之间是否存在因果关系。

4.2.4 预测试分析

在正式开展大样本的问卷调查之前，需要进行小样本的预测试，对预测试结果进行分析将有助于尽早发现问卷中是否存在鉴别度、信度和效度问题，以及是否需要对问卷进行修正和补充。预测试中向政府教育管理部门、高校教职人员、用人单位及在校学生等研究生教育利益相关者发放了80 份问卷，共回收有效问卷 61 份，回收率 76.25%。经检验，预测试的样本达到偏度绝对值小于 3 且峰度绝对值小于 10 的标准[323]，基本符合正态分布，可以进行后续分析。

本研究预测试中分析的统计量包括高低组临界比（critical ratio）、皮尔斯相关系数（Pearson correlations）、公因子方差（communalities）、克隆巴赫 α 系数（Cronbach's α）和因子负荷量（factor loading）进行统计分析。

1) 高低组临界比（或称决断值）被用来检验量表题项的鉴别度，将全体样本分别按 3 个量表内题项总分大小分为 3 组，其中得分最低的 27% 者为低分组而得分最高的 27% 者为高分组，通过独立样本 T 检验方法考察高低组样本各题项平均分的差异是否显著，显著性检验概率 P 值一般取 0.05 的水平，求出的各量表各题项临界比（C.R.值）一般要大于 3.0 才说明该题项鉴别度较高，而鉴别度较低的题项可以考虑予以删除。

2) 相关系数被用来考察题项与整体量表的相关程度，相关系数越大则表示与整体量表的相关程度越高，一般当题项与总分的相关系数大于 0.4 时才可认为题项与整体量表间的相关呈现中高度关系。

3) 公因子方差（或称共同性）用来表示题项对变异量的解释程度，公因子方差越高则题项能测量到或表示特征的程度越高，公因子方差不高（小于 0.2）的题项与量表的同质性较少，则可考虑删除。

4) 克隆巴赫 α 系数（或称为内部一致性系数）是检验问卷信度最常用的方法，用来检验对同一变量重复测量结果是否一致，其值至少应大于 0.8 才表明量表的整体信度理想，且如果删除某题项后会导致量表整体信度系数比删除前明显提升，则代表该题项测量的行为或特质与量表整体并不同质，应考虑删除该题项。

5）因子负荷量表示题项与量表共同因素的关系密切程度，常被用来衡量问卷的建构效度，以测量量表中的题项是否具代表性和完备性等特征，当因子负荷量大于0.45时，才能说明量表具有一定的建构效度。

1. 相关者需求

对研究生教育相关者需求的预测试结果整理后如表4-5所示。

表4-5 相关者需求预测试分析摘要

题项	高低组临界比	题项与总分相关	克隆巴赫α值	题项删除后的α值	公因子方差	因子负荷量	未达标指标数	备注
SBD1	3.950**	0.698**		0.940	0.399	0.631	0	保留
SBD2	3.820*	0.680**		0.941	0.471	0.686	0	保留
SBD3	3.370*	0.769**		0.939	0.378	0.615	0	保留
SBD4	3.970**	0.771**		0.939	0.343	0.585	0	保留
SID1	6.555**	0.759**		0.939	0.559	0.748	0	保留
SID2	6.600**	0.771**		0.939	0.397	0.630	0	保留
SID3	7.652**	0.702**		0.940	0.468	0.684	0	保留
SID4	7.132**	0.681**		0.941	0.660	0.812	0	保留
SID5	8.113**	0.753**	0.943	0.939	0.463	0.680	0	保留
SID6	5.477**	0.664**		0.941	0.495	0.704	0	保留
SID7	4.646**	0.657**		0.941	0.232	0.482	0	保留
SGD1	3.135*	0.690**		0.940	0.265	0.515	0	保留
SGD2	3.727*	0.601**		0.942	0.444	0.666	0	保留
SGD3	5.552**	0.723**		0.940	0.560	0.748	0	保留
SGD4	4.793**	0.732**		0.939	0.494	0.703	0	保留
SGD5	4.755**	0.734**		0.939	0.558	0.747	0	保留
SGD6	3.909**	0.697**		0.940	0.446	0.668	0	保留
判断准则	≥3.000	≥0.400	≥0.800	≤原α值	≥0.200	≥0.450		

注：*表示在0.05的水平上显著，**表示在0.01的水平上显著。

如表4-5所示，预测试中研究生教育相关者需求展开分量表各题项的临界比、相关性、克隆巴赫α系数、公因子方差和因子负荷量均达标，说明该量表的鉴别度、信度和效度都较好，可以用于正式调研。

2. 质量特征

对研究生教育质量特征的预测试结果整理后如表 4-6 所示。

表 4-6 质量特征预测试分析摘要

题项	高低组临界比	题项与总分相关	克隆巴赫 α 值	题项删除后的 α 值	公因子方差	因子负荷量	未达标指标数	备注
QCD1	3.342*	0.593**		0.950	0.360	0.600	0	保留
QCD2	5.261**	0.680**		0.950	0.480	0.693	0	保留
QCD3	6.527**	0.603**		0.951	0.367	0.606	0	保留
QCD4	4.869**	0.610**		0.951	0.379	0.616	0	保留
QCR1	6.055**	0.720**		0.951	0.540	0.735	0	保留
QCR2	4.533**	0.675**		0.951	0.460	0.678	0	保留
QCR3	5.493**	0.662**		0.951	0.446	0.668	0	保留
QCR4	3.914**	0.654**		0.951	0.436	0.661	0	保留
QCR5	3.014*	0.517**		0.951	0.256	0.506	0	保留
QCF1	6.151**	0.690**	0.953	0.953	0.485	0.696	0	保留
QCF2	6.230**	0.711**		0.951	0.514	0.717	0	保留
QCF3	6.128**	0.781**		0.951	0.630	0.794	0	保留
QCF4	3.426*	0.529**		0.950	0.282	0.531	0	保留
QCF5	4.659**	0.681**		0.951	0.458	0.676	0	保留
QCE1	6.249**	0.663**		0.951	0.431	0.656	0	保留
QCE2	3.312*	0.613**		0.949	0.374	0.612	0	保留
QCE3	4.341**	0.557**		0.950	0.308	0.555	0	保留
QCE4	6.654**	0.775**		0.950	0.607	0.779	0	保留
QCE5	5.618**	0.611**		0.952	0.366	0.605	0	保留
判断准则	≥3.000	≥0.400	≥0.800	≤原 α 值	≥0.200	≥0.450		

注：*表示在 0.05 的水平上显著，**表示在 0.01 的水平上显著。

如表 4-6 所示，预测试中，研究生教育质量特征展开分量表各题项的临界比、相关性、克隆巴赫 α 系数、公因子方差和因子负荷量均达标，说明该量表的鉴别度、信度和效度都较好，可以用于正式调研。

3. 质量保障

对研究生教育质量保障的预测试结果整理后如表4-7所示。

表4-7 质量保障预测试分析摘要

题 项	高低组临界比	题项与总分相关	克隆巴赫α值	题项删除后的α值	公因子方差	因子负荷量	未达标指标数	备注
QAG1	4.210**	0.589**		0.903	0.374	0.611	0	保留
QAG2	5.128**	0.728**		0.899	0.530	0.728	0	保留
QAG3	4.789**	0.602**		0.903	0.400	0.633	0	保留
QAG4	5.053**	0.631**		0.902	0.371	0.609	0	保留
QAH1	3.608*	0.539**		0.904	0.313	0.560	0	保留
QAH2	3.903**	0.636**		0.902	0.429	0.655	0	保留
QAH3	6.398**	0.650**		0.901	0.438	0.662	0	保留
QAH4	5.185**	0.718**		0.899	0.556	0.746	0	保留
QAH5	5.656**	0.716**	0.907	0.899	0.512	0.715	0	保留
QAH6	3.798*	0.591**		0.903	0.354	0.595	0	保留
QAC1	3.767*	0.520**		0.906	0.239	0.488	0	保留
QAC2	3.862*	0.502**		0.905	0.237	0.487	0	保留
QAC3	5.355**	0.672**		0.901	0.436	0.660	0	保留
QAC4	4.695**	0.528**		0.906	0.240	0.490	0	保留
QAS1	4.778**	0.631**		0.902	0.425	0.652	0	保留
QAS2	4.590**	0.663**		0.901	0.445	0.667	0	保留
QAS3	3.280*	0.557**		0.905	0.286	0.535	0	保留
判断准则	≥3.000	≥0.400	≥0.800	≤原α值	≥0.200	≥0.450		

注：*表示在0.05的水平上显著，**表示在0.01的水平上显著。

如表4-7所示，预测试中，研究生教育质量保障展开分量表各题项的临界比、相关性、克隆巴赫α系数、公因子方差和因子负荷量各指标均达标，说明该量表的信度和效度都较好，可以保留所有题项用于正式调研。

4.3 数据分析

预测试后可以进行正式的问卷调查。本研究对正式问卷回收到的数据进行分析时所采用的指标及评判标准均来源于吴明隆[324]、候杰泰等[325]、黄芳明[326]及陈正昌等[327]知名专家学者的相关研究文献，在学界较为常用且已得到广泛的检验和认可。

正式的问卷调查起止时间为 2012 年 7 月至 2012 年 9 月，为保证总体代表性和样本质量，这一阶段采取随机抽样方法搜集样本数据。主要通过网络平台、电子邮件发放电子问卷，现场及委托各高校研究生院工作人员发放纸质问卷等方式开展。在确定样本容量方面，绝对样本容量一般至少为 200 份，达到 500 份为非常好，1000 份或更多则为极好[328-330]。本次调查共发放问卷 650 份，回收问卷 497 份，回收率为 76.46%，剔除数据不完整的或简单重复的 37 份无效问卷，有效问卷为 460 份，最终有效率为 70.77%。问卷的回收率和准确率偏低是长期存在于学界的难题，但在多方的帮助下，最终回收的 460 份有效问卷的数量和质量都达到了较令人满意的水平。回收到的有效问卷的样本情况如表 4-8 所示。

表 4-8 样本基本信息

人口统计学变量		样 本 量	比 例
性别	男	301	65.43%
	女	159	34.57%
年龄	25 岁以下	239	51.96%
	25～35 岁	151	32.83%
	35～45 岁	46	10.00%
	45 岁以上	24	5.22%
学历	博士	40	8.70%
	硕士	298	64.78%
	本科	105	22.83%
	本科以下	17	3.70%

续表4-8

人口统计学变量		样 本 量	比 例
类型	政府管理部门	46	10.00%
	用人单位	91	19.78%
	培养高校	79	17.17%
	在读研究生	244	53.04%

由样本信息可知，本次问卷调查的受访者以男性居多；大部分受访者的年龄在35岁及以下；绝大多数受访者受过高等教育，超过半数受过研究生水平的教育；受访者主要是在读研究生，但另外三类核心利益相关者的数量均大于30，可以认为是大样本。

4.3.1 探索性因子分析与信度分析

各分量表通过预测试后，接下来将进行正式的探索性因子分析和信度分析。

1. 相关者需求

本研究将研究生教育相关者需求展开为基本条件、互动关系和发展成就3个构面共17个题项，3个构面的划分是建立在一定的理论分析和文献基础之上的，各题项分别归属哪个构面及题项的说明也十分清晰具体。因而在预测试完成后进行正式测试分析时，可以对相关者需求分量表的3个构面分别进行因子分析，而不需要对整个相关者需求进行因子分析。根据前人的研究可知，采取这种变通的方法是切实可行的，且在题项数目较多时，有助于规避需要删除的题项过多的问题。

研究生教育相关者需求的3个构面，分别对应了相关者对研究生教育的基本条件、互动关系和发展成就3个层次的需求，基本条件因子构面包括4个题项（SBD1～SBD4），互动关系因子构面包括7个题项（SID1～SID7），发展成就因子构面包括6个题项（SGD1～SGD6）。对3个构面分别进行KMO和Bartlett球形检验，结果如表4-9所示。各构面的*KMO*值均大于0.8的检验标准，概率也均小于0.01，达到显著水平，表明样本适合进行因子分析。

表4-9 相关者需求 KMO 与 Bartlett 检验结果

KMO 取样适当性检验		基本条件	互动关系	发展成就
		0.803	0.902	0.841
Bartlett 球形度检验	近似卡方	608.641	1378.993	1183.124
	Df	6	21	15
	Sig.	0.000	0.000	0.000

为了保留研究生教育相关者需求的内涵,并尽量保留量表设计时的3个构面,本研究分别对基本条件、互动关系、发展成就3个构面进行探索性因子分析,采用主成分分析法尝试在各构面分别提取共同因子。结果如表4-10所示。在不限定因子数目的情况下,顺利地从3个构面各自抽取了1个共同因子,其中包含的题项与量表编制时完全一致,各题项的因子负荷量在0.658~0.831之间,均大于0.6的标准;且各题项的公因子方差值在0.450~0.690之间,均大于0.45的标准,说明抽取的3个共同因子(对应研究生教育相关者需求展开分量表的3个构面)可以有效地反映17个指标变量(对应相关者需求展开分量表的17个题项)。

表4-10 相关者需求探索性因子分析结果

题 项	基本条件	互动关系	发展成就	公因子方差
SBD1	0.831			0.690
SBD2	0.808			0.653
SBD3	0.787			0.619
SBD4	0.754			0.568
SID1		0.807		0.651
SID2		0.824		0.679
SID3		0.766		0.586
SID4		0.755		0.570
SID5		0.805		0.649
SID6		0.666		0.454
SID7		0.658		0.450
SGD1			0.732	0.535

续表 4-10

题 项	基本条件	互动关系	发展成就	公因子方差
SGD2			0.689	0.475
SGD3			0.773	0.598
SGD4			0.772	0.597
SGD5			0.812	0.659
SGD6			0.805	0.648
构面特征值	2.530	4.012	3.512	
构面解释变异量/%	63.241	57.314	58.541	

对研究生教育相关者需求的因子分析完成后，为了进一步检验量表的可靠性和有效性，将通过计算克隆巴赫 α 系数的方法进行信度检验，结果如表 4-11 所示。研究生教育相关者需求展开分量表 3 个构面的内部一致性 α 系数均大于 0.8，表明量表整体的信度较高；且删除任何构面的任何一个题项都不能提高 α 系数，因而不应该再删除任何题项，研究生教育相关者需求展开分量表的 17 个题项都应该予以保留。

表 4-11 相关者需求可靠性分析结果

构 面	克隆巴赫 α 值	题 项	题项删除后的 α 值
"基本要求" 构面	0.806	SBD1	0.734
		SBD2	0.750
		SBD3	0.761
		SBD4	0.780
"互动关系" 构面	0.872	SID1	0.846
		SID2	0.844
		SID3	0.853
		SID4	0.854
		SID5	0.847
		SID6	0.866
		SID7	0.868

续表 4-11

构　　面	克隆巴赫 α 值	题　　项	题项删除后的 α 值
"发展成就"构面	0.857	SGD1	0.840
		SGD2	0.849
		SGD3	0.830
		SGD4	0.833
		SGD5	0.823
		SGD6	0.824

2. 质量特征

本研究将研究生教育质量特征展开为可靠性、响应性、声誉性和关怀性 4 个构面共 19 个题项，4 个构面的划分是建立在一定的理论分析和文献基础之上的，各题项分别归属哪个构面及题项的说明也十分清晰具体。因而在预测试完成后进行正式测试分析时，可以对质量特征展开分量表的 4 个构面分别进行因子分析，而不需要对整个质量特征进行因子分析。根据前人的研究可知，采取这种变通的方法是切实可行的，且有助于规避由于题项数目过多而造成的需要删除的题项过多的情况。

研究生教育质量特征的 4 个构面，分别对应了研究生教育质量的可靠性、响应性、声誉性和关怀性四方面特征，可靠性因子构面包括 4 个题项（QCD1～QCD4），响应性因子构面包括 5 个题项（QCR1～QCR5），声誉性因子构面包括 5 个题项（QCF1～QCF5），关怀性因子构面包括 5 个题项（QCE1～QCE5）。对 4 个构面分别进行 KMO 和 Bartlett 球形检验，结果如表 4-12 所示。各构面的 KMO 值均等于或大于 0.8 的检验标准，概率也均小于 0.01，达到显著水平，表明样本适合进行因子分析。

表 4-12　质量特征 KMO 与 Bartlett 检验结果

KMO 取样适当性检验		可靠性	响应性	声誉性	关怀性
		0.817	0.865	0.848	0.854
Bartlett 球形度检验	近似卡方	865.700	1109.882	933.331	1159.452
	Df	6	10	10	10
	$Sig.$	0.000	0.000	0.000	0.000

为了保留研究生教育质量特征的内涵，并尽量保留量表设计时的4个构面，本研究分别对可靠性、响应性、声誉性和关怀性四方面质量特征进行探索性因子分析，采用主成分分析法尝试在各构面分别提取共同因子。结果如表4-13所示。在不限定因子数目的情况下，顺利地从4个构面各自抽取了1个共同因子，其中包含的题项与量表编制时完全一致，各题项的因子负荷量在0.764～0.864之间，均大于0.6的标准；且各题项的公因子方差值在0.583～0.746之间，均大于0.45的标准，说明抽取的4个共同因子（对应研究生教育质量特征展开分量表的4个构面）可以有效地反映19个指标变量（对应研究生教育质量特征展开分量表的19个题项）。

表4-13 质量特征探索性因子分析结果

题 项	可靠性	响应性	声誉性	关怀性	公因子方差
QCD1	0.860				0.740
QCD2	0.861				0.741
QCD3	0.862				0.743
QCD4	0.790				0.624
QCR1		0.796			0.634
QCR2		0.860			0.739
QCR3		0.843			0.710
QCR4		0.805			0.648
QCR5		0.789			0.622
QCF1			0.764		0.583
QCF2			0.831		0.690
QCF3			0.794		0.631
QCF4			0.805		0.648
QCF5			0.780		0.608
QCE1				0.864	0.746
QCE2				0.838	0.702

续表 4-13

题 项	可靠性	响应性	声誉性	关怀性	公因子方差
QCE3				0.809	0.654
QCE4				0.785	0.616
QCE5				0.811	0.657
构面特征值	2.848	3.353	3.161	3.375	
构面解释变异量/%	71.198	67.070	63.212	67.508	

对研究生教育质量特征的因子分析完成后，为了进一步检验量表的可靠性和有效性，将通过计算克隆巴赫 α 系数的方法进行信度检验，结果如表 4-14 所示。研究生教育质量特征展开分量表 4 个构面的内部一致性 α 系数均大于 0.8，表明量表整体的信度较高；且删除任何构面的任何一个题项都不能提高 α 系数，因而不应该再删除任何题项，研究生教育质量特征展开分量表的 19 个题项都应该予以保留。

表 4-14 质量特征可靠性分析结果

构 面	克隆巴赫 α 值	题 项	题项删除后的 α 值
"可靠性"构面	0.864	QCD1	0.818
		QCD2	0.817
		QCD3	0.816
		QCD4	0.856
"响应性"构面	0.876	QCR1	0.856
		QCR2	0.836
		QCR3	0.843
		QCR4	0.854
		QCR5	0.859
"声誉性"构面	0.853	QCF1	0.832
		QCF2	0.810
		QCF3	0.823
		QCF4	0.820
		QCF5	0.829

续表 4-14

构　　面	克隆巴赫 α 值	题　　项	题项删除后的 α 值
"关怀性"构面	0.879	QCE1	0.840
		QCE2	0.848
		QCE3	0.857
		QCE4	0.864
		QCE5	0.856

3. 质量保障

本研究将研究生教育质量保障展开为政府管理、高校管理、社会协作和学生参与 4 个构面共 17 个题项，4 个构面的划分是建立在一定的理论分析和文献基础之上的，各题项分别归属哪个构面及题项的说明也十分清晰具体。因而在预测试完成后进行正式测试分析时，可以对质量保障展开分量表的 4 个构面分别进行因子分析，而不需要对整个质量保障进行因子分析。根据前人的研究可知，采取这种变通的方法是切实可行的，且有助于规避由于题项数目过多而造成的需要删除的题项过多的情况。

研究生教育质量保障的 4 个构面，分别对应了研究生教育的政府管理、高校管理、社会协作和学生参与四方面质量保障措施，政府管理因子构面包括 4 个题项（QAG1～QAG4），高校管理因子构面包括 6 个题项（QAH1～QAG6），社会协作因子构面包括 4 个题项（QAC1～QAC4），学生参与因子构面包括 3 个题项（QAS1～QAS3）。对 4 个构面分别进行 KMO 和 Bartlett 球形检验，结果如表 4-15 所示。各构面的 KMO 值均十分接近或大于 0.8 的检验标准，概率也均小于 0.01，达到显著水平，表明样本较适合进行因子分析。

表 4-15　质量保障 KMO 与 Bartlett 检验结果

KMO 取样适当性检验		政府管理	高校管理	社会协作	学生参与
		0.796	0.884	0.780	0.805
Bartlett 球形度检验	近似卡方	653.156	1258.366	624.383	487.421
	Df	6	15	6	3
	Sig.	0.000	0.000	0.000	0.000

为了保留研究生教育质量保障的内涵,并尽量保留量表设计时的4个构面,本研究分别对政府管理、高校管理、社会协作和学生参与四方面质量保障进行探索性因子分析,采用主成分分析法尝试在各构面分别提取共同因子。结果如表4-16所示。在不限定因子数目的情况下,顺利地从4个构面各自抽取了1个共同因子,其中包含的题项与量表编制时完全一致,各题项的因子负荷量在0.624~0.885之间,均大于0.6的标准;且各题项的公因子方差值在0.490~0.784之间,均大于0.45的标准,说明抽取的4个共同因子(对应研究生教育质量保障展开分量表的4个构面)可以有效地反映17个指标变量(对应研究生教育质量保障展开分量表的17个题项)。

表4-16 质量保障探索性因子分析结果

题 项	政府管理	高校管理	社会协作	学生参与	公因子方差
QAG1	0.842				0.709
QAG2	0.823				0.678
QAG3	0.774				0.600
QAG4	0.802				0.643
QAH1		0.821			0.674
QAH2		0.815			0.663
QAH3		0.819			0.671
QAH4		0.766			0.587
QAH5		0.835			0.697
QAH6		0.624			0.490
QAC1			0.768		0.590
QAC2			0.843		0.711
QAC3			0.728		0.529
QAC4			0.855		0.731
QAS1				0.844	0.712
QAS2				0.837	0.701
QAS3				0.885	0.784
构面特征值	2.630	3.682	2.563	2.198	
构面解释变异量/%	65.757	61.366	64.063	73.250	

对研究生教育质量保障的因子分析完成后，为了进一步检验量表的可靠性和有效性，将通过计算克隆巴赫 α 系数的方法进行信度检验，结果如表 4-17 所示。研究生教育质量保障展开分量表 4 个构面的内部一致性 α 系数均大于 0.8，表明量表整体的信度较高；且删除任何构面的任何一个题项都不能提高 α 系数，因而不应该再删除任何题项，研究生教育质量保障展开分量表的 17 个题项都应该予以保留。

表 4-17 质量保障可靠性分析结果

构面	克隆巴赫 α 值	题项	题项删除后的 α 值
"政府管理"构面	0.826	QAG1	0.760
		QAG2	0.773
		QAG3	0.802
		QAG4	0.785
"高校管理"构面	0.870	QAH1	0.840
		QAH2	0.842
		QAH3	0.841
		QAH4	0.851
		QAH5	0.835
		QAH6	0.878
"社会协作"构面	0.809	QAC1	0.781
		QAC2	0.733
		QAC3	0.799
		QAC4	0.725
"学生参与"构面	0.814	QAS1	0.765
		QAS2	0.778
		QAS3	0.693

4.3.2 验证性因子分析与效度分析

在探索性因子分析之后，本研究对各分量表和整体量表进行验证性因子分析（CFA），重点分析各分量表及总体量表的效度。

1. 相关者需求

经过探索性因子分析后的研究生教育相关者需求由基本条件、互动关系和发展成就 3 个潜在的共同因子共 17 个题项构成，经检验各题项的观察变量均符合最大似然法（maximum likelihood estimate，ML）常态分配的假设，可以使用验证性因子分析方法对相关者需求展开分量表进行效度及适配度检验。利用 AMOS 软件对相关者需求进行二阶验证性因子分析，输出的标准化估计路径如图 4-5 所示，将相关者需求作为二阶因子，基本条件（包含题项 SBD1～SBD4）、互动关系（包含题项 SID1～SID7）、发展成就（包含题项 SGD1～SGD6）则分别作为 3 个一阶因子。

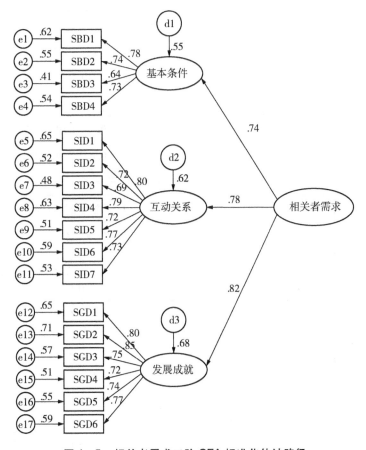

图 4-5　相关者需求二阶 CFA 标准化估计路径

研究生教育相关者需求二阶验证性因子分析过程中没有发生标准化回归系数超过 1 或误差方差为负数等违反估计的现象，也没有出现违反模型辨认规则的错误提示或警告信息，不需再对模型进行修订。研究生教育相关者需求的外因潜在变量和内因潜在变量的关系中，受到"相关者需求"这一内因潜在变量的影响最大的外因潜在变量是"发展成就"（0.824。图中软件绘图只显示到小数点后两位。余同），其次是"互动关系"（0.784），外因潜在变量"基本条件"（0.744）受的影响则相对较小。进一步分析研究生教育相关者需求模型的适配度，检验结果及判断标准摘要如表 4-18 所示。

表 4-18 相关者需求二阶 CFA 模型适配度检验结果

基本适配度检验标准摘要		
评价项目	检验结果数据	适配判断
没有负的误差变异量	均为正数	符合
所有误差变异量达到显著水平	均达显著	符合
因子负荷量介于 0.50～0.95	0.637～0.847	符合
标准误差不能太大	0.011～0.041	符合
整体模型适配度检验标准摘要		
统计检验量	适配的标准	检验结果数据	适配判断
CMIN 值（χ^2）	越小越好，$P>0.05$（未达显著水平）	561.806（$P=0.000$）	不符合
χ^2 自由度比	<5.00	4.843	符合
RMR 值	<0.05	0.041	符合
RMSEA 值	<0.08	0.072	符合
GFI 值	>0.90	0.903	符合
AGFI 值	>0.90	0.873	接近
NFI 值	>0.90	0.914	符合
RFI 值	>0.90	0.899	接近
IFI 值	>0.90	0.939	符合

续表 4-18

整体模型适配度检验标准摘要

统计检验量	适配的标准	检验结果数据	适配判断
TLI 值	>0.90	0.928	符合
CFI 值	>0.90	0.939	符合
PGFI 值	>0.50	0.692	符合
PNFI 值	>0.50	0.782	符合
PCFI 值	>0.50	0.804	符合
AIC 值	理论模型值小于独立模型值，且同时小于饱和模型值	635.806 > 306.000 635.806 < 4497.777	部分符合
CAIC 值	理论模型值小于独立模型值，且同时小于饱和模型值	825.662 < 1091.078 825.662 < 4585.008	符合

由表 4-18 可得到以下研究结果：①最小拟合函数 $CMIN$（χ^2）是检验模型拟合效果的一个绝对拟合指数，也作为计算其他拟合指数的基础指标。一般而言，$CMIN$ 值越小则拟合效果越好，本研究此处在自由度为 116 的情况下模型适配度的卡方值为 561.806，显著性概率值 P 近似于 0.000，小于 0.05，应拒绝原假设，但考虑到本研究的样本量较大，为 460，而卡方值是样本敏感指标，易受样本大小影响而容易接受对立假设，学者温忠麟等提出的新卡方准则中指出，当样本量大于 250 时，显著性水平应取 0.0005 而不是传统的 0.05 或 0.01，当样本量为 500 时还可以更小至 0.0001[331]，然而 AMOS 软件中只给出了 P 值的近似范围，因此本研究重点观察样本敏感度较低的 χ^2 自由度比，当 χ^2 自由度比为 4.843 小于 5 时也是可以接受的。②RMR（root mean square residual）、$RMSEA$（root mean square error of approximation）的值越小，一般就表示假设的理论模型与观察数据的适配度越好，本研究的这两个指标均达标。③GFI（goodness of fit index）与 $AGFI$（absolute goodness of fit index）通常被视为绝对适配指标，虽然本研究的 $AGFI$ 值未达标，但已经非常接近标准，且 GFI 值达标，可视为适配度较好。④NFI（normed fit index）、RFI（relative fit index）、IFI（incremental fit index）、TLI（tucker-lewis index）、CFI（comparative fit index）是软件输出的基准线比较适配统计量，当这些统计值达标时则表示假设理论模型与观测

数据的整体适配度好，本研究仅有其中的 RFI 值未达标但已经非常接近适配标准，其他统计检验量均达标。⑤PGFI（parsimony goodness of fit index）、PNFI（parsimony normed fit index）、PCFI（parsimony comparative fit index）是基本简约指标值，是简约调整后的测量值（parsimony-adjusted measures），临界点一般为 0.500，本研究的相关统计检验量均达标。⑥AIC（Akai information criterion）和 CAIC（consistent AIC）是交叉效度指数，用于判断理论模型要估计的参数数目是否精简，一般而言预设的理论模型（default model）的 AIC 值要小于饱和模型（saturated model）与独立模型（independence model）的 AIC 指标值，越小则表示模型简约且模型拟合越好，但是它常常包含了一些来源不清的因素，且同样也很受样本容量的影响[332,333]，因此本研究 AIC 值部分满足适配标准的情况应该也是可以接受的。

综上所述，本研究所提出的相关者需求二阶验证性因子分析模型与实际观察数据的适配情况良好，大部分适配指标值均达标，虽然有 4 个指标未能完全符合标准，但还需结合研究的实际情况及其他拟合指数的表现进行判断分析。分析相关者需求二阶验证性因子分析模型的因子负荷量、信度系数、组合信度和平均提取变异量等指标，结果摘要如表 4-19 所示。

表 4-19 相关者需求二阶 CFA 模型会聚效度检验结果

测量指标	标准化因子负荷量	信度系数（R^2）	组合信度	平均提取变异量（AVE）
SBD1	0.784***	0.615	0.816	0.528
SBD2	0.743***	0.552		
SBD3	0.637***	0.406		
SBD4	0.734***	0.539		
SID1	0.803***	0.645	0.898	0.557
SID2	0.720***	0.518		
SID3	0.694***	0.482		
SID4	0.791***	0.626		
SID5	0.715***	0.511		
SID6	0.766***	0.587		
SID7	0.729***	0.531		

续表 4-19

测量指标	标准化因子负荷量	信度系数（R^2）	组合信度	平均提取变异量（AVE）
SGD1	0.803***	0.645		
SGD2	0.847***	0.713		
SGD3	0.754***	0.569	0.899	0.599
SGD4	0.717***	0.514		
SGD5	0.744***	0.554		
SGD6	0.771***	0.594		
基本条件	0.744***	0.554		
互动关系	0.784***	0.615	0.828	0.616
发展成就	0.824***	0.679		

注：***表示在 0.001 水平上显著。

相关者需求二阶验证性因子分析模型的聚合效度较好。17 个题项的因子负荷量在 0.637～0.847 之间，且 3 个一阶因子在二阶因子构面中的因子负荷量在 0.744～0.824 之间，皆大于 0.50 的标准，达到理想水平；除了题项 SBD3 和 SID3 之外，其他 15 个题项和 3 个一阶因子的信度系数（R^2）值皆大于 0.50 的标准，信度尚可；3 个一阶因子构面及二阶因子构面的组合信度值在 0.816～0.899 之间，皆大于 0.60 的标准，达到理想水平；平均提取变异量值在 0.528～0.616 之间，皆大于 0.50 的标准。

相关者需求二阶验证性因子分析模型的区分效度也较好。通过计算可知，基本条件、互动关系和发展成就各自的 AVE 值平方根分别为 0.727、0.746 和 0.774，均大于对应两者之间的相关系数；且因子分析模型中的各可测变量均落在预期的因子构面上，没有发生某题项横跨两个因子构面的情形。

2. 质量特征

经过探索性因子分析后的研究生教育质量特征由可靠性、响应性、声誉性和关怀性 4 个潜在共同因子共 19 个题项构成，经检验各题项的观察变量均符合最大似然法（ML）常态分配的假设，可以使用验证性因子分析方法对质量特征展开分量表进行效度及适配度检验。利用 AMOS 软件对质量特征进行二阶验证性因子分析，输出的标准化估计路径如图 4-6 所示，将质量特征作为二阶因子，可靠性（包含题项 QCD1～QCD4）、响应性（包含题项 QCR1～QCR5)、声誉性（包含题项 QCF1～QCF5)、关怀性（包含题项 QCE1～QCE5）则分别作为4个一阶因子。

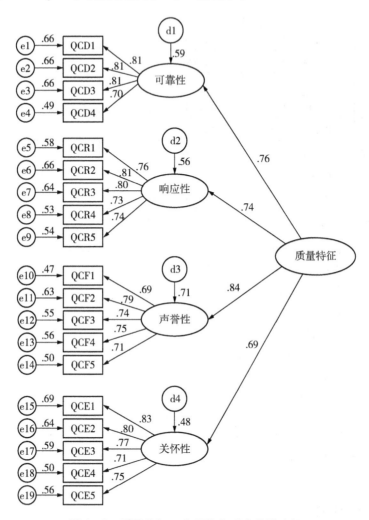

图 4-6　质量特征二阶 CFA 标准化估计路径

研究生教育质量特征二阶验证性因子分析过程中没有发生标准化回归系数超过 1 或误差方差为负数等违反估计的现象，也没有出现违反模型辨认规则的错误提示或警告信息，不需再对模型进行修订。研究生教育质量特征的外因潜在变量和内因潜在变量的关系中，受到"质量特征"这一内因潜在变量的影响最大的外因潜在变量是"声誉性"（0.844），其次是"响应性"（0.742）和"可靠性"（0.763），外因潜在变量"关怀性"（0.694）受的影响则相对较小。进一步分析研究生教育质量特征模型的适配度，检验结果及判断标准摘要如表 4-20 所示。

表 4-20 质量特征二阶 CFA 模型适配度检验结果

基本适配度检验标准摘要		
评价项目	检验结果数据	适配判断
没有负的误差变异量	均为正数	符合
所有误差变异量达到显著水平	均达显著	符合
因子负荷量介于 0.50～0.95	0.686～0.844	符合
标准误差不能太大	0.036～0.079	符合

整体模型适配度检验标准摘要			
统计检验量	适配的标准	检验结果数据	适配判断
CMIN 值 (χ^2)	越小越好，$P>0.05$（未达显著水平）	256.302（$P=0.000$）	不符合
χ^2 自由度比	<5.00	1.732	符合
RMR 值	<0.05	0.031	符合
RMSEA 值	<0.08	0.057	符合
GFI 值	>0.90	0.920	符合
AGFI 值	>0.90	0.897	接近
NFI 值	>0.90	0.939	符合
RFI 值	>0.90	0.929	符合
IFI 值	>0.90	0.962	符合
TLI 值	>0.90	0.956	符合
CFI 值	>0.90	0.962	符合
PGFI 值	>0.50	0.712	符合
PNFI 值	>0.50	0.807	符合
PCFI 值	>0.50	0.827	符合
AIC 值	理论模型值小于独立模型值，且同时小于饱和模型值	436.331 > 380.000 436.331 < 5636.464	部分符合
CAIC 值	理论模型值小于独立模型值，且同时小于饱和模型值	656.974 < 1354.933 656.974 < 5733.958	符合

本研究所提出的质量特征二阶验证性因子分析模型与实际观察数据的适配情况良好，大部分适配指标值达标，虽然有 3 个指标未能完全符合标准，但还需结合研究的实际情况及其他拟合指数的表现进行判断分析。如前所述，其中的 AGFI 值已十分接近适配标准；考虑到本研究的样本量较大，重点观察样本敏感度较低的卡方自由度比值，在自由度为 148 的情况下模型适配度的卡方值为 256.302，卡方自由度比为 1.732，小于 5，也是可以接受的；如前所述，本研究 AIC 值部分满足适配标准的情况应该也是可以接受的。分析质量特征二阶验证性因子分析模型的因子负荷量、信度系数、组合信度和平均提取变异量等指标，结果摘要如表 4-21 所示。

表 4-21 质量特征二阶 CFA 模型会聚效度检验结果

测量指标	标准化因子负荷量	信度系数（R^2）	组合信度	平均提取变异量（AVE）
QCD1	0.814 ***	0.663		
QCD2	0.813 ***	0.661	0.866	0.619
QCD3	0.814 ***	0.663		
QCD4	0.701 ***	0.491		
QCR1	0.764 ***	0.584		
QCR2	0.813 ***	0.661		
QCR3	0.797 ***	0.635	0.878	0.591
QCR4	0.729 ***	0.531		
QCR5	0.736 ***	0.542		
QCF1	0.686 ***	0.471		
QCF2	0.794 ***	0.632		
QCF3	0.741 ***	0.549	0.855	0.541
QCF4	0.746 ***	0.557		
QCF5	0.705 ***	0.497		
QCE1	0.831 ***	0.691		
QCE2	0.802 ***	0.643		
QCE3	0.765 ***	0.585	0.880	0.596
QCE4	0.707 ***	0.500		
QCE5	0.749 ***	0.561		

续表 4-21

测量指标	标准化因子负荷量	信度系数（R^2）	组合信度	平均提取变异量（AVE）
可靠性	0.763***	0.588	0.849	0.586
响应性	0.742***	0.557		
声誉性	0.844***	0.714		
关怀性	0.694***	0.484		

注：***表示在0.001水平上显著。

质量特征二阶验证性因子分析模型的聚合效度较好。19 个题项的因子负荷量在 0.686～0.831 之间，且 4 个一阶因子在二阶因子构面中的因子负荷量在 0.694～0.844 之间，皆大于 0.50 的标准，达到理想水平；除了题项 QCD4、QCF1、QCF5 和一阶因子关怀性之外，其他 16 个题项和 3 个一阶因子的信度系数（R^2）值皆大于 0.50 的标准，信度尚可；4 个一阶因子构面及二阶因子构面的组合信度值在 0.849～0.880 之间，皆大于 0.60 的标准，达到理想水平；平均提取变异量值在 0.541～0.619 之间，皆大于 0.50 的标准。

质量特征二阶验证性因子分析模型的区分效度也较好。通过计算可知，可靠性、响应性、声誉性和关怀性的 AVE 值平方根分别为 0.787、0.769、0.736 和 0.772，均大于对应两者之间的相关系数；且因子分析模型中的各可测变量均落在预期的因子构面上，没有发生某题项横跨两个因子构面的情形。

3. 质量保障

经过探索性因子分析后的研究生教育质量保障由政府管理、高校管理、社会协作和学生参与 4 个潜在共同因子共 17 个题项构成，经检验各题项的观察变量均符合最大似然法（ML）常态分配的假设，可以使用验证性因子分析方法对质量保障展开分量表进行效度及适配度检验。利用 AMOS 软件对质量保障进行二阶验证性因子分析，输出的标准化估计路径如图 4-7 所示，将质量保障作为二阶因子，政府管理（包含题项 QAG1～QAG4）、高校管理（包含题项 QAH1～QAH6）、社会协作（包含题项 QAC1～QAC4）、学生参与（包含题项 QAS1～QAS3）则分别作为 4 个一阶因子。

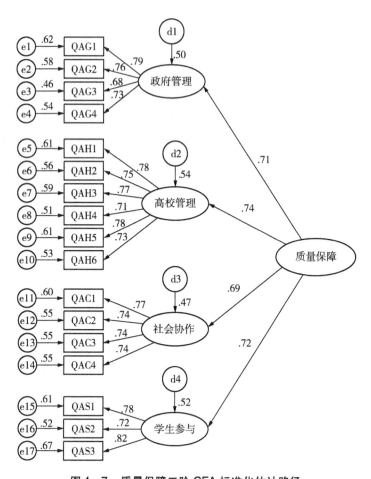

图 4-7　质量保障二阶 CFA 标准化估计路径

研究生教育质量保障二阶验证性因子分析过程中没有发生标准化回归系数超过 1 或误差方差为负数等违反估计的现象，也没有出现违反模型辨认规则的错误提示或警告信息，不需再对模型进行修订。研究生教育质量保障的外因潜在变量和内因潜在变量的关系中，受到"质量保障"这一内因潜在变量的影响最大的外因潜在变量是"高校管理"（0.736），其次是"学生参与"（0.723）和"政府管理"（0.710），外因潜在变量"社会协作"（0.687）受的影响则相对较小。进一步分析研究生教育质量保障模型的适配度，检验结果及判断标准摘要如表 4-22 所示。

表4-22 质量保障二阶CFA模型适配度检验结果

基本适配度检验标准摘要		
评价项目	检验结果数据	适配判断
没有负的误差变异量	均为正数	符合
所有误差变异量达到显著水平	均达显著	符合
因子负荷量介于0.50~0.95	0.677~0.821	符合
标准误差不能太大	0.037~0.077	符合

整体模型适配度检验标准摘要			
统计检验量	适配的标准	检验结果数据	适配判断
CMIN值 (χ^2)	越小越好，$P>0.05$（未达显著水平）	369.024（$P=0.000$）	不符合
χ^2自由度比	<5.00	3.209	符合
RMR值	<0.05	0.049	符合
RMSEA值	<0.08	0.071	符合
GFI值	>0.90	0.943	符合
AGFI值	>0.90	0.917	符合
NFI值	>0.90	0.949	符合
RFI值	>0.90	0.936	符合
IFI值	>0.90	0.967	符合
TLI值	>0.90	0.959	符合
CFI值	>0.90	0.967	符合
PGFI值	>0.50	0.655	符合
PNFI值	>0.50	0.761	符合
PCFI值	>0.50	0.776	符合
AIC值	理论模型值小于独立模型值，且同时小于饱和模型值	551.059>272.000 551.059<4526.810	部分符合
CAIC值	理论模型值小于独立模型值，且同时小于饱和模型值	735.783<969.847 735.783<4608.909	符合

本研究所提出的质量保障二阶验证性因子分析模型与实际观察数据的适配情况良好，大部分适配指标值达标，虽然有2个指标未能完全符合标准，但还需结合研究的实际情况及其他拟合指数的表现进行判断分析。如

前所述，考虑到本研究的样本量较大，重点观察样本敏感度较低的卡方自由度比值，在自由度为 115 的情况下，模型适配度的卡方值为 369.024，卡方自由度比为 3.209，小于 5，也是可以接受的；如前所述，本研究 AIC 值部分满足适配标准的情况应该也是可以接受的。分析质量保障二阶验证性因子分析模型的因子负荷量、信度系数、组合信度及平均提取变异量等指标，结果摘要如表 4-23 所示。

表 4-23 质量保障二阶 CFA 模型会聚效度检验结果

测量指标	标准化因子负荷量	信度系数（R^2）	组合信度	平均提取变异量（AVE）
QAG1	0.785 ***	0.616	0.828	0.547
QAG2	0.761 ***	0.579		
QAG3	0.677 ***	0.458		
QAG4	0.732 ***	0.536		
QAH1	0.783 ***	0.613	0.888	0.569
QAH2	0.751 ***	0.564		
QAH3	0.766 ***	0.587		
QAH4	0.713 ***	0.508		
QAH5	0.783 ***	0.613		
QAH6	0.727 ***	0.529		
QAC1	0.773 ***	0.598	0.837	0.562
QAC2	0.743 ***	0.552		
QAC3	0.742 ***	0.551		
QAC4	0.739 ***	0.546		
QAS1	0.782 ***	0.612	0.819	0.602
QAS2	0.722 ***	0.521		
QAS3	0.821 ***	0.674		
政府管理	0.710 ***	0.504	0.806	0.510
高校管理	0.736 ***	0.542		
社会协作	0.687 ***	0.472		
学生参与	0.723 ***	0.523		

注：*** 表示在 0.001 水平上显著。

质量保障二阶验证性因子分析模型的聚合效度较好。17个题项的因子负荷量在0.677~0.821之间，且4个一阶因子在二阶因子构面中的因子负荷量在0.687~0.736之间，皆大于0.50的标准；除了题项QAG3和社会协作一阶因子之外，其他16个题项和3个一阶因子的信度系数（R^2）值皆大于0.50的标准，信度尚可；4个一阶因子构面及二阶因子构面的组合信度值在0.806~0.888之间，皆大于0.60的标准；平均提取变异量值在0.510~0.602之间，皆大于0.50的标准。

质量保障二阶验证性因子分析模型的区分效度也较好。通过计算可知，政府管理、高校管理、社会协作和学生参与的 AVE 值平方根分别为0.740、0.754、0.750和0.776，均大于对应两者之间的相关系数；因子分析模型中的各可测变量均落在预期的因子构面上，没有发生某题项横跨两个因子构面的情形。

4. 整体模型

接下来对整体模型进行验证性因子分析，输出的模型估计路径如图4-8所示。潜在因变量相关者需求包含基本条件（SBD）、互动关系（SID）、发展成就（SGD）3个外因潜在变量，潜在变量质量特征包含可靠性（QCD）、响应性（QCR）、声誉性（QCF）、关怀性（QCE）4个外因潜在变量；潜在自变量质量保障包含政府管理（QAG）、高校管理（QAH）、社会协作（QAC）、学生参与（QAS）4个外因潜在变量。各外因潜在变量均包含数个观察变量，对某外因潜在变量包含的观察变量的得分求算术平均值，作为整体模型中该外因潜在变量的值。

整体验证性因子分析过程中没有发生标准化回归系数超过1或误差方差为负数等违反估计的现象，也没有出现违反模型辨认规则的错误提示或警告信息，不需再对模型进行修订。由图4-8可知，各内因潜在变量的关系中，"质量保障"对"质量特征"有很强的直接影响关系（0.743），"质量特征"对"相关者需求"也有较强的直接影响关系（0.523），而"质量保障"对"相关者需求"虽然也有一定的直接影响关系，但作用较弱（0.382）。

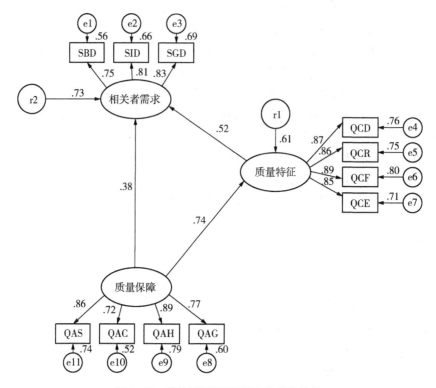

图 4-8 整体模型 CFA 标准化估计路径

各直接效果、间接效果及总效果的分析结果如表 4-24 所示。模型中质量保障对相关者需求和质量特征都有直接影响效果，同时质量保障也通过影响质量特征对相关者需求有间接影响效果。

表 4-24 整体模型直接、间接效果值摘要

影响路径	直接效果	间接效果	总效果值
相关者需求 <— 质量特征	0.523	—	0.523
相关者需求 <— 质量保障	0.382	0.438	0.819
质量特征 <— 质量保障	0.743	—	0.743

注：<— 表示后者对前者的影响路径。

进一步分析整体验证性因子分析模型的适配度，检验结果及判断标准摘要如表 4-25 所示。

表 4-25 整体模型 CFA 模型适配度检验结果

基本适配度检验标准摘要		
评价项目	检验结果数据	适配判断
没有负的误差变异量	均为正数	符合
所有误差变异量达到显著水平	均达显著	符合
因子负荷量介于 0.50～0.95	0.382～0.892	部分符合
整体模型适配度检验标准摘要		
统计检验量	适配的标准	检验结果数据	适配判断
CMIN 值 (χ^2)	越小越好，$P>0.05$（未达显著水平）	81.020（$P=0.005$）	不符合
χ^2 自由度比	<5.00	1.589	符合
RMR 值	<0.05	0.017	符合
RMSEA 值	<0.08	0.036	符合
GFI 值	>0.90	0.972	符合
AGFI 值	>0.90	0.957	符合
NFI 值	>0.90	0.982	符合
RFI 值	>0.90	0.976	符合
IFI 值	>0.90	0.993	符合
TLI 值	>0.90	0.991	符合
CFI 值	>0.90	0.993	符合
PGFI 值	>0.50	0.635	符合
PNFI 值	>0.50	0.759	符合
PCFI 值	>0.50	0.767	符合
AIC 值	理论模型值小于独立模型值，且同时小于饱和模型值	135.020<156.000 135.020<4442.028	符合
CAIC 值	理论模型值小于独立模型值，且同时小于饱和模型值	273.563<556.236 273.563<4503.603	符合

整体模型验证性因子分析模型与实际观察数据的适配情况良好，大部分适配指标值达标，虽然有 2 个指标未能完全符合标准，但还需结合研究的实际情况及其他拟合指数的表现进行判断分析。如前所述，本研究仅潜在

变量质量保障与潜在变量相关者需求之间的路径系数低于 0.5 的水平，其余的潜在变量之间的路径系数及各因子负荷量均处于 0.50～0.95 的区间；考虑到本研究的样本量较大，重点观察样本敏感度较低的卡方自由度比值，在自由度为 51 的情况下模型适配度的卡方值为 81.020，卡方自由度比为 1.589，小于 5，也是可以接受的。分析整体模型的因子负荷量、信度系数、组合信度及平均提取变异量等指标，结果摘要如表 4-26 所示。

表 4-26 整体模型 CFA 会聚效度分析结果

潜在变量	观测指标	标准化因子负荷量	信度系数（R^2）	组合信度	平均提取变异量（AVE）
相关者需求	SBD	0.748***	0.560	0.840	0.636
	SID	0.814***	0.663		
	SGD	0.828***	0.686		
质量特征	QCD	0.874***	0.764	0.925	0.755
	QCR	0.864***	0.747		
	QCF	0.892***	0.796		
	QCE	0.845***	0.714		
质量保障	QAG	0.771***	0.594	0.886	0.661
	QAH	0.890***	0.792		
	QAC	0.721***	0.520		
	QAS	0.858***	0.736		

注：***表示在 0.001 水平上显著。

整体模型的聚合效度较好。各测量指标的因子负荷量在 0.721～0.892 之间，皆大于 0.50 的标准，达到理想水平；组合信度值在 0.840～0.925 之间，皆大于 0.60 的标准，达到理想水平；平均提取变异量值在 0.636～0.755 之间，皆大于 0.50 的标准。

整体模型的区分效度也较好。通过计算可知，相关者需求、质量特征和质量保障各自的 AVE 值平方根分别为 0.797、0.869 和 0.813，均大于对应两者之间的相关系数，且因子分析模型中的各可测变量均落在预期的因子构面上，没有发生某题项横跨两个因子构面的情形。

4.4 检验结果

由正式问卷调查获取数据,对3个分量表和整体模型分别进行了探索性因子分析及验证性因子分析,结果可知,调查问卷的各题项均具有一定的信度和效度,样本的拟合度较好、解释力较强,研究生教育相关者需求、质量特征及质量保障均有二阶因子存在,且具有良好的适配度和效度,整体模型也具有较好的适配度。

4.4.1 假设验证结果汇总

将前文提出的假设的验证结果汇总如表4-27所示。

表4-27 假设验证结果汇总

编 号	假 设 内 容	验证结果
H1	利益相关者对研究生教育质量的期望目标由多种需求构成	支持
H1-1	研究生教育的基本条件对利益相关者的满意度有显著影响	支持
H1-2	研究生教育的互动关系对利益相关者的满意度有显著影响	支持
H1-3	研究生教育的发展成就对利益相关者的满意度有显著影响	支持
H2	研究生教育质量由多种特征构成	支持
H2-1	可靠性特征对研究生教育的质量有显著影响	支持
H2-2	响应性特征对研究生教育的质量有显著影响	支持
H2-3	声誉性特征对研究生教育的质量有显著影响	支持
H2-4	关怀性特征对研究生教育的质量有显著影响	支持
H3	研究生教育质量保障由多种措施构成	支持
H3-1	政府管理对研究生教育质量保障有显著影响	支持
H3-2	高校管理对研究生教育质量保障有显著影响	支持
H3-3	社会协作对研究生教育质量保障有显著影响	支持
H3-4	学生参与对研究生教育质量保障有显著影响	支持
H4	研究生教育质量特征对相关者需求有显著影响	支持
H5	研究生教育质量保障对质量特征有显著影响	支持
H6	研究生教育质量保障对相关者需求有显著影响	支持

4.4.2 模型结构要素

1. 相关者需求

研究生教育相关者需求经探索性因子分析后共保留3个构面和17个题项，其二阶验证性因子分析模型与实际观察数据的适配情况良好，与模型设计时完全一致，且量表的信度和效度均达到了理想水平。

从验证性因子分析结果中可知，研究生教育相关者需求包括基本条件、互动关系和发展成就3个构面（外因潜在变量），所有外因潜在变量对"相关者需求"潜在变量的因子负荷量均达到理想水平，其中"发展成就"潜在变量的因子负荷量最高，其次是"互动关系"，"基本条件"的因子负荷量较低。说明研究生教育相关者需求中，按对相关者需求概念的解释程度从大到小排序，依次为发展成就构面、互动关系构面、基本条件构面。

可以绘制研究生教育相关者需求要素展开图，如图4-9所示。

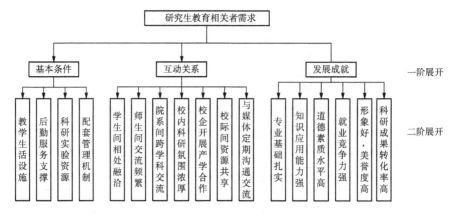

图4-9　研究生教育相关者需求要素展开

2. 质量特征

研究生教育质量特征经探索性因子分析后共保留4个构面和19个题项，其二阶验证性因子分析模型与实际观察数据的适配情况良好，与模型和量表设计时完全一致，且量表的信度和效度均达到了理想水平。

研究生教育质量特征与相关者需求有显著的正相关关系，表现在可靠性、响应性、声誉性及关怀性4个构面（外因潜在变量），所有外因潜在变量对"质量特征"潜在变量的因子负荷量均达到理想水平,其中"声誉性"潜在变量的因子负荷量最高,接着是"可靠性","响应性"和"关怀性"的因子负荷量相对较低。说明研究生教育质量特征中,按对质量特征概念的解释程度从大到小排序,依次为声誉性、可靠性、响应性、关怀性。

可以绘制研究生教育质量特征要素展开图,如图4-10所示。

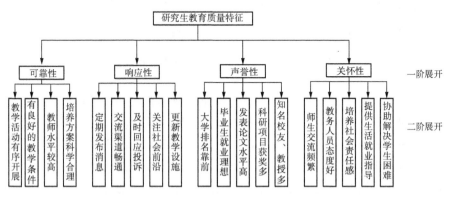

图4-10 研究生教育质量特征要素展开

3. 质量保障

研究生教育质量保障经探索性因子分析后共保留4个构面和17个题项,其二阶验证性因子分析模型与实际观察数据的适配情况良好,与模型和量表设计时完全一致,且量表的信度和效度均达到了理想水平。

研究生教育质量保障与相关者需求和质量特征有显著的正相关关系,包括政府管理、高校管理、社会协作及学生参与4个构面(外因潜在变量),所有外因潜在变量对"质量保障"潜在变量的因子负荷量均达到理想水平,其中"高校管理"潜在变量的因子负荷量最高,接着是"学生参与"和"政府管理","社会协作"的因子负荷量相对较低。说明研究生教育质量保障中,按对质量保障概念的解释程度从大到小排序,依次为高校管理、学生参与、政府管理、社会协作。

可以绘制研究生教育质量保障要素展开图,如图4-11所示。

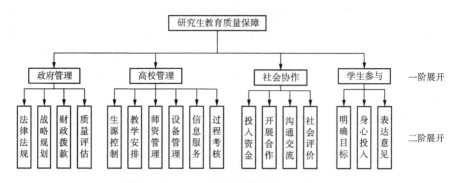

图4-11 研究生教育质量保障要素展开

综上所述，研究生教育质量功能展开模型具有较高的信度和效度，能够用于建立我国研究生教育中的相关者需求库、教育质量特征库和教育质量保障库，并用于把握利益相关者对研究生教育的关键需求，了解利益相关者对研究生教育质量特征表现及质量保障措施效果的看法。应用研究生教育质量功能展开模型，将有利于在全面挖掘和准确把握相关者需求重点信息的基础上，把相关者需求变为研究生教育活动中的参与者和管理者都能够理解和执行的具体信息，并将相关者需求的信息传递到教育质量特征设计、教育质量保障配置等各个环节中，以确保整个研究生教育质量改进流程都是以提高相关者满意度为目标的。

4. 研究生教育质量功能展开模型

根据检验结果，研究生教育质量保障和相关者需求与质量特征都有显著的正相关关系，可以通过调整重点质量保障措施配置，使关键质量特征的表现能够更好地满足相关者需求。同时，相关者需求与质量特征之间的直接关系大于相关者需求与质量保障之间的直接关系，说明本研究设计的"相关者需求—质量特征—质量保障"研究生教育质量改进路径是合理的。

这一结论与国内外学者的研究结论是一致的，大部分研究者认为研究生教育的质量及质量保障始终与利益相关者密切相关，根据利益相关者的总体需求和偏好挖掘关键的质量特征，并有针对性地实施质量保障措施，才能充分有效地体现及提升我国的研究生教育质量。利益相关者对研究生教育某方面功能的强调，会使得相应的研究生教育质量特征受重视程度提升；而研究生教育质量概念内涵的不断丰富和延伸的过程，伴随着来自各类利益相关者对研究生教育需求的不断变化，因而也必须通过研究生教育过程中各项活动的开展、各类相关者的互动作用，才能将来自利益相关者的需求内化到研究生教育质量中，体现在研究生的人才、科技或服务产出的质量特征上[334]。研究生教育质量保障与质量特征有显著的正相关关系，即各类利益相关者为了使研究生教育更大程度地满足他（它）们的需求，所采取的质量保障和促进手段能够有效地提升相应的研究生教育质量特征水平。利益相关者对研究生教育某方面功能的强调，也会使得各方采取更多的手段和措施来保障和提升相应的研究生教育质量特征，以确保相关功能的实现。在确定了相关者需求、质量特征和质量保障各自的一阶展开和二阶展开构成后，可以建立相关者需求—质量特征相关矩阵和质量特征—质量保障相关矩阵。2个相关矩阵框架是研究生教育质量功能展开模型至关重要的组成部分，在后续的研究中，需借助2个相关矩阵来完成由相关者需求向质量特征设计和质量保障部署的流程展开。

综合前文中经验证的研究生教育相关者需求、质量特征和质量保障3个分量表及其子题项构成，可以构造研究生教育质量功能展开模型，如图4-12所示。此时的模型还不完整，在利益相关者需求—质量特征质量屋和质量特征—质量保障质量屋中，还需要再次通过实证研究获取利益相关者需求要素权重矩阵 ω_i（ω_i 表示第 i 项相关者需求要素的相对重要度）、相关矩阵 $[A_{ij}]$（$[A_{ij}]$ 矩阵中的要素 a_{ij} 表示第 i 项利益相关者需求要素与第 j 项质量特征要素的相关度）以及相关矩阵 $[B_{jk}]$（$[B_{jk}]$ 矩阵中的要素 b_{jk} 表示第 j 项质量特征要素与第 k 项质量保障要素的相关度）。并结合第3章中阐述的权重矩阵计算方法，计算出质量特征要素的权重矩阵 δ_j（δ_j 表示第 j 项质量特征要素的相对重要度）和质量保障要素的权重矩阵 σ_k（σ_k 表示第 k 项质量保障要素的相对重要度）。

4.5 本章小结

本章在前文构建的研究生教育质量功能展开模型基础上，运用ERG理论、SERVQUAL模型及质量保障理论，分别对构成模型的研究生教育相关者需求、质量特征、质量保障中的要素进行分析并提出了假设。在理论分析的基础上，与管理学和教育学领域专家学者探讨后设计量表和调查问卷。利用小样本数据做预测试，根据分析结果对初始问卷进行适当的修正与调整后，进行正式的大样本调查。正式调查共回收有效问卷460份，应用SPSS

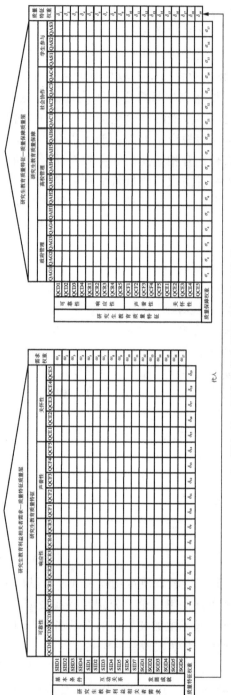

图4-12 研究生教育质量功能展开模型

注：各题项代码对应的问项内容见附录1。

和 AMOS 软件进行探索性因子分析及验证性因子分析。由数理统计分析结果可知，正式问卷的各题项均具有一定的信度和效度，样本的拟合度较好、解释力较强。研究生教育相关者需求、质量特征及质量保障均有二阶因子存在，各分量表及整体测量模型均具有较好的适配度。因此可以在下一阶段研究中，将研究生教育质量功能展开模型投入应用研究。

第5章 研究生教育质量功能展开模型的应用

本章在前文研究的基础上,将模型应用于我国广东省代表性高校的研究生教育活动中,通过实证研究获取模型中2个相关矩阵的相关度和3个要素权重矩阵,筛选出最重要的相关者需求、最重要的质量特征和最有效的质量保障措施,分析利益相关者个人因素造成的影响,并对模型应用结果进行一定的讨论。

5.1 模型应用对象

在对模型应用之前,对应用的具体对象进行界定,将有助于保证研究结果的有效性和针对性。模型应用中通过调查问卷和专家小组评价两种方法获取数据,根据第3章中阐述的运算方法进行统计分析之后得到模型应用结果。

5.1.1 对象界定

出于对数据获取的便利性及有效性考虑,模型应用时仍然沿用模型检验时的具体对象。选择广东省内管理学科的学术型硕士研究生为具体研究对象,实证研究的样本同样来自中山大学、华南理工大学、华南师范大学、暨南大学4所研究生培养实力较强的高校,这些高校是国家"985"工程或"211"工程重点建设的综合性大学。本研究将模型的应用对象限定于特定的区域、特定学科和特定层次高校,在某种程度上可以提升研究的内部效度,消除地域差异、高校教学水平差异等因素对研究结果的影响,得到准确度较高、针对性较强的研究结论。

5.1.2 数据来源

数据的主要来源如图 5-1 所示。

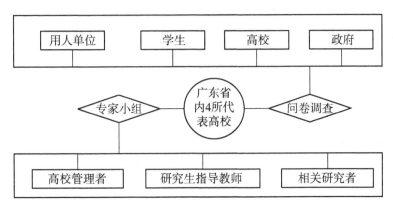

图 5-1　模型应用数据来源

1. 问卷调查

即使是知识面最广、经验最丰富的利益相关者，也可能无法完全且准确地表达出他（它）们对研究生教育的需求，但利益相关者有能力感知他（它）们对研究生教育各项需求的重要程度，从而有能力对需求展开量表中的各题项进行比较和排序，且这种比较和排序的结果是有参考价值的。因此本研究建构的模型中的研究生教育核心利益相关者需求展开分量表，从利益相关者的视角出发对其可能从研究生教育中得到的好处进行了描述，将由研究生教育可能给利益相关者带来的需求满足以列表的形式放到利益相关者面前，测试利益相关者对量表内各题项的反应，这将给本研究带来有价值的信息。

在研究生教育质量功能展开模型的应用过程中，考虑到数据的可获取性和准确性，仍然沿用第 4 章开展问卷调查中获取的数据。在上一阶段的实证研究中回收到 460 份问卷，由于样本量足够大，且受访者都是长期接触并熟悉我国研究生教育的核心利益相关者群体，样本的拟合度较好、解释力较强，因此能够保证研究的有效性和可靠性。相关者需求权重数据是根据问卷调查的结果而得，研究生教育的利益相关者分别根据自己的感知情况对需求要素的重要度进行评分，然后根据第 3 章中提出的运算方法计算需求要素的均值和权重。

2. 小组评分

各类利益相关者对研究生教育各项质量特征的重要度判断及对各项质量保障措施有效性感受，必然都会受到他（它）们各自特定的价值取向和视野范围的影响。本研究将建构的研究生教育质量特征展开分量表和质量保障展开分量表用于测试利益相关者对量表内各题项的反应，虽然能给本研究带来有一定参考价值的信息，但这种排序的结果受到相关者个人主观影响太大，不能直接被采用。同时，利益相关者往往更难完全正确地理解或者表达出他（它）们认为研究生教育应当具有的质量特征和应采取的保障措施，即使利益相关者对研究生教育的需求能够被正确理解了，在将需求要素权重转换为质量特征权重和质量保障权重的过程中还可能会出现错误。因此，本研究并不直接采用问卷调查中得到的质量特征要素和质量保障要素的重要度评分，而是通过组建专家评分小组，通过群决策方法获取相关者需求—质量特征相关矩阵和质量特征—质量保障相关矩阵。然后通过将研究生教育利益相关者需求要素权重矩阵与相关者需求—质量特征相关矩阵相乘，得到质量特征要素权重矩阵。同样地，将研究生教育质量特征要素权重矩阵与质量特征—质量保障相关矩阵相乘，得到质量保障要素的权重矩阵。

在建立相关者需求—质量特征相关矩阵和质量特征—质量保障相关矩阵，获取2个相关矩阵中的相关度时，考虑到相关度评分的复杂性，邀请对管理学和教育学都有一定了解的教师和研究生共7人组成评分小组，其中包括2位教授、2位副教授和3位博士研究生，请他们对相关者需求要素与质量特征要素的相关度，及质量特征要素与质量保障要素的相关度分别进行评分。各小组成员的评分情况见附录2。本研究在选择评判小组样本时采取了非随机的判断抽样方法而没有严格按照随机程序，是在对研究结果影响不大的情况下，出于取样的便利可行性考虑；同时根据研究目的对取样对象进行主观判断，也是为了更有效地搜集样本数据。使用前文中阐述的集值迭代法将各位小组成员的评分汇总成最终的2个相关矩阵，将从调查问卷中得到的利益相关者需求权重输入2个质量屋，计算出研究生教育质量特征要素权重和研究生教育质量保障要素权重，对模型应用效果进行评价。

5.2 模型应用结果

接下来将把研究生教育质量功能展开模型应用在广东省研究生教育活动的实践中,得到完整的相关者需求—质量特征相关矩阵和质量特征—质量保障相关矩阵,分别计算相关者需求展开要素的权重、质量特征展开要素的权重和质量保障展开要素的权重。

5.2.1 相关矩阵

1. 相关者需求—质量特征相关矩阵

前文中已经验证了研究生教育相关者需求展开分量表和质量特征展开分量表的信度和效度,并验证了相关者需求与质量特征 2 个潜在变量之间存在的相关关系,因此可以在第 4 章中建立的相关者需求—质量特征相关矩阵框架基础上,对相关矩阵中的相关度分别进行评分。采用第 3 章中所述的集值迭代法对评分小组各位成员的相关度评分进行汇总处理后,最终求得完整的研究生教育利益相关者需求—质量特征相关矩阵,如表 5-1 所示。

2. 质量特征—质量保障相关矩阵

前文中已经验证了研究生教育质量特征展开分量表和质量保障展开分量表的信度和效度,并验证了质量特征与质量保障 2 个潜在变量之间存在的相关关系,因此可以在第 4 章中建立的质量特征—质量保障相关矩阵框架基础上,对相关矩阵中的相关度分别进行评分。采用第 3 章中所述的集值迭代法对评分小组各位成员的相关度评分进行汇总处理后,最终求得完整的研究生教育质量特征—质量保障相关矩阵,如表 5-2 所示。

5.2.2 要素权重

根据调查问卷获取到的数据,可以计算研究生教育相关者需求展开要素的权重,并通过相关者需求—质量特征相关矩阵和质量特征—质量保障相关矩阵,可以分别计算研究生教育质量特征展开要素的权重和质量保障展开要素的权重。

表 5-1 相关者需求—质量特征相关矩阵

	研究生教育质量特征展开要素																		
		QCD1	QCD2	QCD3	QCD4	QCR1	QCR2	QCR3	QCR4	QCR5	QCF1	QCF2	QCF3	QCF4	QCF5	QCE1	QCE2	QCE3	QCE4	QCE5
研究生教育相关者需求展开要素	SBD1	0.016	0.341	0.062	0.031	0.016	0.062	0.016	0.031	0.171	0.062	0.016	0.031	0.031	0.016	0.031	0.031	0.016	0.000	0.016
	SBD2	0.059	0.154	0.024	0.024	0.261	0.130	0.036	0.000	0.024	0.048	0.024	0.012	0.000	0.000	0.012	0.012	0.059	0.059	0.059
	SBD3	0.070	0.279	0.060	0.030	0.020	0.010	0.010	0.010	0.189	0.050	0.020	0.090	0.030	0.020	0.020	0.020	0.040	0.000	0.030
	SBD4	0.232	0.011	0.067	0.011	0.022	0.022	0.044	0.111	0.067	0.044	0.078	0.044	0.044	0.033	0.067	0.078	0.000	0.000	0.022
	SID1	0.107	0.036	0.089	0.036	0.036	0.036	0.018	0.018	0.018	0.018	0.089	0.018	0.036	0.036	0.018	0.107	0.160	0.124	0.000
	SID2	0.054	0.006	0.119	0.060	0.016	0.027	0.087	0.027	0.011	0.027	0.016	0.087	0.054	0.038	0.098	0.087	0.033	0.071	0.081
	SID3	0.060	0.046	0.178	0.053	0.033	0.060	0.046	0.040	0.053	0.093	0.040	0.086	0.046	0.046	0.053	0.053	0.013	0.000	0.000
	SID4	0.031	0.062	0.131	0.054	0.000	0.047	0.000	0.016	0.054	0.077	0.054	0.147	0.131	0.070	0.054	0.054	0.016	0.000	0.000
	SID5	0.069	0.104	0.035	0.009	0.044	0.121	0.035	0.173	0.018	0.052	0.052	0.052	0.078	0.078	0.052	0.009	0.018	0.000	0.000
	SID6	0.015	0.038	0.053	0.015	0.038	0.038	0.008	0.069	0.038	0.152	0.152	0.107	0.076	0.152	0.015	0.008	0.015	0.008	0.000
	SID7	0.015	0.058	0.007	0.044	0.116	0.202	0.051	0.145	0.015	0.044	0.044	0.065	0.044	0.058	0.022	0.007	0.015	0.015	0.036
	SGD1	0.044	0.011	0.164	0.077	0.055	0.077	0.044	0.033	0.011	0.022	0.088	0.186	0.055	0.011	0.077	0.033	0.011	0.000	0.000
	SGD2	0.022	0.064	0.143	0.050	0.014	0.029	0.007	0.043	0.036	0.078	0.114	0.178	0.150	0.014	0.036	0.022	0.000	0.000	0.000
	SGD3	0.032	0.040	0.088	0.040	0.000	0.024	0.048	0.024	0.024	0.024	0.064	0.088	0.080	0.008	0.064	0.072	0.112	0.136	0.032
	SGD4	0.017	0.017	0.050	0.009	0.067	0.084	0.050	0.076	0.042	0.176	0.226	0.025	0.034	0.067	0.017	0.017	0.000	0.025	0.000
	SGD5	0.023	0.053	0.045	0.008	0.045	0.045	0.045	0.045	0.023	0.090	0.143	0.060	0.038	0.172	0.038	0.038	0.015	0.068	0.008
	SGD6	0.006	0.013	0.075	0.032	0.075	0.025	0.013	0.038	0.013	0.132	0.138	0.107	0.094	0.138	0.019	0.032	0.038	0.013	0.000

注：相关矩阵内各行均经过归一化处理，代码对应的题项内容见附录1。

表 5-2　质量特征—质量保障相关矩阵

		研究生教育质量保障展开要素															
		QAG1	QAG2	QAG3	QAG4	QAH1	QAH2	QAH3	QAH4	QAH5	QAH6	QAC1	QAC2	QAC3	QAC4	QAS1	QAS2	QAS3
研究生教育质量特征展开要素	QCD1	0.202	0.078	0.016	0.016	0.109	0.140	0.078	0.093	0.093	0.124	0.000	0.000	0.016	0.000	0.000	0.000	0.031
	QCD2	0.019	0.000	0.247	0.067	0.019	0.048	0.000	0.256	0.076	0.000	0.171	0.038	0.000	0.029	0.000	0.000	0.010
	QCD3	0.036	0.000	0.261	0.060	0.036	0.024	0.213	0.024	0.048	0.000	0.142	0.119	0.000	0.012	0.000	0.019	0.010
	QCD4	0.093	0.311	0.000	0.000	0.078	0.140	0.109	0.000	0.047	0.093	0.000	0.000	0.031	0.047	0.000	0.024	0.000
	QCR1	0.053	0.053	0.011	0.096	0.117	0.043	0.032	0.032	0.180	0.127	0.000	0.000	0.085	0.138	0.000	0.047	0.000
	QCR2	0.010	0.028	0.000	0.019	0.093	0.131	0.037	0.000	0.112	0.056	0.065	0.121	0.149	0.056	0.000	0.032	0.000
	QCR3	0.050	0.013	0.000	0.050	0.149	0.112	0.149	0.000	0.162	0.075	0.013	0.013	0.162	0.025	0.000	0.010	0.112
	QCR4	0.046	0.100	0.009	0.109	0.046	0.127	0.000	0.027	0.118	0.064	0.036	0.109	0.073	0.064	0.027	0.009	0.013
	QCR5	0.090	0.000	0.293	0.039	0.026	0.000	0.000	0.230	0.064	0.000	0.230	0.000	0.000	0.026	0.000	0.000	0.036
	QCF1	0.001	0.001	0.075	0.169	0.001	0.094	0.001	0.094	0.075	0.225	0.001	0.019	0.019	0.169	0.001	0.001	0.057
	QCF2	0.014	0.000	0.014	0.014	0.084	0.098	0.000	0.000	0.112	0.126	0.014	0.028	0.028	0.028	0.336	0.056	0.042
	QCF3	0.000	0.000	0.023	0.012	0.046	0.057	0.046	0.035	0.023	0.275	0.012	0.172	0.023	0.023	0.126	0.126	0.000
	QCF4	0.000	0.000	0.025	0.013	0.025	0.099	0.062	0.000	0.049	0.221	0.000	0.209	0.025	0.025	0.086	0.160	0.000
	QCF5	0.001	0.001	0.001	0.001	0.035	0.001	0.408	0.001	0.069	0.069	0.001	0.306	0.035	0.069	0.001	0.001	0.001
	QCE1	0.000	0.000	0.062	0.021	0.156	0.042	0.239	0.000	0.000	0.031	0.000	0.052	0.073	0.000	0.031	0.114	0.176
	QCE2	0.000	0.000	0.000	0.030	0.089	0.030	0.371	0.089	0.075	0.030	0.015	0.000	0.015	0.000	0.030	0.149	0.075
	QCE3	0.219	0.044	0.000	0.030	0.073	0.015	0.059	0.000	0.059	0.000	0.044	0.117	0.176	0.059	0.059	0.015	0.030
	QCE4	0.083	0.017	0.000	0.000	0.034	0.017	0.100	0.034	0.133	0.000	0.050	0.100	0.000	0.000	0.116	0.067	0.248
	QCE5	0.000	0.000	0.136	0.000	0.028	0.068	0.000	0.068	0.096	0.000	0.232	0.028	0.041	0.000	0.068	0.000	0.232

注：相关矩阵内各行均经过归一化处理，代码对应的题项内容见附录1。

1. 相关者需求要素权重

根据第 4 章中的模型运算方法,对应本研究相关者需求要素的个数 $n = 17$,可求得 17 项相关者需求要素的权重 ω_i,如表 5-3 所示。

表 5-3 相关者需求要素权重

要素		对应题项	内容	权重
基本条件	ω_1	SBD1	有图书馆、教室等教学生活设施	0.059
	ω_2	SBD2	有食堂、宿舍、网络等后勤服务支撑	0.057
	ω_3	SBD3	有实验室和仪器设备等科研实验资源	0.060
	ω_4	SBD4	有与教学配套的管理机制	0.058
互动关系	ω_5	SID1	校内研究生之间关系融洽	0.060
	ω_6	SID2	校内研究生与导师和任课教师之间的交流频繁	0.060
	ω_7	SID3	校内院系间有跨学科交流	0.056
	ω_8	SID4	校内科研学术氛围浓厚	0.056
	ω_9	SID5	高校与企业共建产学合作基地和合作项目	0.060
	ω_{10}	SID6	高校与国内外其他高校共享资源	0.058
	ω_{11}	SID7	高校与媒体或其他机构有交流的渠道	0.059
发展成就	ω_{12}	SGD1	学生的专业知识基础扎实	0.061
	ω_{13}	SGD2	学生的知识应用能力强	0.056
	ω_{14}	SGD3	学生的道德素质水平高	0.058
	ω_{15}	SGD4	毕业生的就业竞争力强	0.060
	ω_{16}	SGD5	高校的形象好,美誉度高	0.062
	ω_{17}	SGD6	科研成果的转化率高	0.059
总和				1.000

从相关者需求的一阶展开构面的权重上看,研究生教育发展成就层次的需求要素权重均值(0.0593)最高,说明利益相关者最强调研究生教育满足他(它)们发展成就需求的能力;互动关系层次的需求要素权重均值(0.058)和基本条件层次的需求要素权重均值(0.058)较低,说明利益相关者在互动关系和基本条件层次上也有一定程度的需求,但不如对发展成就需求的程度高。

从相关者需求的二阶展开要素的权重上看，题项 SBD3（0.060）、SID1（0.060）、SID2（0.060）、SID5（0.060）、SGD1（0.061）、SGD4（0.060）、SGD5（0.062）等需求要素的权重较高。说明利益相关者对研究生教育最突出的需求主要包括：在基础条件上，有实验室、仪器设备等开展教学和科研活动所需的资源；在互动关系上，校内学生之间和师生之间有融洽、频繁的交流，校外与企业间有良好的合作关系；在发展成就上，能为学生打下扎实的专业基础，使毕业生具备较强的就业竞争力的高校美誉度高。

2. 质量特征要素权重

通过质量屋工具将相关者需求要素与质量特征要素联系起来，由需求要素的权重计算出质量特征要素的权重，经归一化处理后的 19 项质量特征要素的权重 δ_j 如表 5-4 所示。

表 5-4 质量特征要素权重

要素		对应题项	内容	权重
可靠性	δ_1	QCD1	有管理机制保障教学活动的正常有序开展	0.051
	δ_2	QCD2	有良好的校舍、图书和设备等教学条件	0.078
	δ_3	QCD3	有水平高、结构好的师资队伍	0.081
	δ_4	QCD4	有科学合理的培养方案和计划	0.034
响应性	δ_5	QCR1	定期公布研究生招生、教学、就业等信息	0.050
	δ_6	QCR2	有定期与利益相关者交流的机制	0.061
	δ_7	QCR3	及时对利益相关者的投诉意见做出回应整改	0.033
	δ_8	QCR4	关注社会前沿需求并不断对教学模式做出调整	0.053
	δ_9	QCR5	定期更新和新增图书、仪器和设备	0.047
声誉性	δ_{10}	QCF1	大学/学科排名位置靠前	0.073
	δ_{11}	QCF2	毕业生就业率/起薪高	0.077
	δ_{12}	QCF3	发表论文和专利的水平高	0.081
	δ_{13}	QCF4	科研项目获奖多、等级高	0.060
	δ_{14}	QCF5	知名校友、知名教授数量多	0.057

续表 5-4

要素		对应题项	内　　容	权　重
关怀性	δ_{15}	QCE1	师生间交流指导时间有保证	0.041
	δ_{16}	QCE2	教研、教务及管理人员态度良好	0.040
	δ_{17}	QCE3	高校在教学活动中秉持公平理念，培养学生的社会责任感	0.033
	δ_{18}	QCE4	高校为学生提供心理咨询、就业指导等生活服务	0.031
	δ_{19}	QCE5	高校知晓并协助学生解决经济上的困难	0.017
总　　和				1.000

从研究生教育质量特征的一阶展开构面的权重上看，声誉性质量特征要素的权重均值（0.069）最高，说明利益相关者最重视研究生教育声誉方面的质量特征；可靠性质量特征要素的权重均值（0.061）稍低于声誉性质量特征，说明利益相关者也相当重视研究生教育可靠性方面的质量特征；由较低的响应性质量特征要素的权重均值（0.049）和关怀性质量特征要素的权重均值（0.032）可知，利益相关者较不重视这两方面的质量特征。

从研究生教育质量特征的二阶展开要素的权重上看，QCD2（0.078）、QCD3（0.081）、QCR2（0.061）、QCF1（0.073）、QCF2（0.077）、QCF3（0.081）、QCF4（0.060）等质量特征要素的权重较高。说明利益相关者认为高质量的研究生教育主要表现在以下方面：在可靠性方面，有良好的教学硬件和高水平的师资队伍；在响应性方面，高校与各类利益相关者有一定的信息交流渠道和沟通机制；在声誉性方面，高校的排名靠前，毕业生的就业情况良好，研究生教育过程中发表的论文和专利及承担的科研项目水平高。

3. 质量保障要素权重

通过质量屋工具将研究生教育质量特征要素与质量保障要素联系起来，由质量特征要素的权重计算出质量保障要素的权重，经归一化处理后的 17 项研究生教育质量保障要素的权重 σ_k 如表 5-5 所示。

表 5-5 质量保障要素权重

要素		对应题项	内容	权重
政府管理	σ_1	QAG1	政府进一步健全研究生教育相关法律法规	0.040
	σ_2	QAG2	政府制定清晰明确的战略发展规划	0.027
	σ_3	QAG3	政府持续加大对研究生教育的财政投入	0.071
	σ_4	QAG4	政府加强质量评估及评估结果的应用	0.044
高校管理	σ_5	QAH1	高校控制严格研究生招生入学	0.060
	σ_6	QAH2	高校对课程及实践教学方案内容有较好的安排	0.068
	σ_7	QAH3	高校对教职人员有管理和激励机制	0.095
	σ_8	QAH4	高校对教学设施有良好的管理机制	0.055
	σ_9	QAH5	高校对研究生教育相关信息有良好的管理机制	0.080
	σ_{10}	QAH6	高校严格考核教学过程	0.093
社会协作	σ_{11}	QAC1	捐赠者、银行等为研究生教育提供资金支持	0.052
	σ_{12}	QAC2	企业或科研机构与高校合作开展项目或联合培养学生	0.083
	σ_{13}	QAC3	社会公众或机构对研究生教育提供意见建议	0.043
	σ_{14}	QAC4	第三方机构独立进行高校排名和信息公布	0.044
学生参与	σ_{15}	QAS1	学生有明确的目标规划并能进行自我管理	0.052
	σ_{16}	QAS2	学生努力学习、积极参与科研项目和实践活动	0.046
	σ_{17}	QAS3	学生主动与老师、学校交流并提出意见反馈	0.042
总和				1.000

从研究生教育质量保障的一阶展开构面的权重上看，高校管理保障措施的权重均值（0.075）最高，说明利益相关者认为由研究生培养高校内部管理机制提供的质量保障措施最有效也最重要；社会协作质量保障措施的权重均值（0.056）稍低于高校管理，说明利益相关者也相当重视由政府教育管理部门采取的措施对保障和提升研究生教育质量的作用；而学生参与的质量保障措施权重均值（0.046）和政府管理质量保障措施的权重均值（0.046）皆相对较低，可知利益相关者较不重视这些方面的保障措施。

从研究生教育质量特征二阶展开要素的权重上看，QAG3（0.071）、QAH1（0.060）、QAH2（0.068）、QAH3（0.095）、QAH5（0.080）、QAH6（0.093）、QAC2（0.083）等质量保障要素的权重较高。说明利益相关者认为最有效的研究生教育质量保障措施包括：在政府管理方面，有持续的大量的经济投入；在高校管理方面，有严格的招生入学质量控制，对教学和实践课程有合理安排，对教职人员有管理和激励机制，对教学信息有良好的管理机制，对教学全过程有严格考核；在社会协作方面，有企业或科研机构提供产学合作机会。

5.3 人口统计学变量的影响

分析人口统计学变量对研究生教育质量需求、质量特征要素和质量保障要素的重要度是否有显著影响，以及这种差异是存在于抽样的样本中还是普遍存在于整体中，将有利于深入挖掘信息，为研究生教育质量管理实践提供决策依据。其中相关者的性别、年龄、学历等信息直接来源于调查问卷，而相关者的类别信息获取方式如"4.2.1 变量的操作性界定"所述，根据受访者填写的职业情况，结合问卷发放渠道和具体发放对象处理而得。

根据变量的个数，分别采用独立样本 T 检验法（independent sample T test）和单因素方差分析（one-way ANOVA）方法，对不同性别、不同年龄、不同学历及不同类型相关者对研究生教育质量需求、质量特征和质量保障的看法是否存在显著差异进行分析，并根据方差同质性检验结果选用不同 LSD 法或 Tamhane's T2 法对均值做后续比较。

5.3.1 相关者需求差异

采用独立样本 T 检验法分析不同性别相关者对研究生教育质量需求看法的差异，检验结果如表 5-6 所示，由于显著性概率分别为 0.242、0.112、0.121，均大于 0.1，未达到显著水平，可知性别导致的质量需求要素重要度差异是不显著的。但由各项质量需求的均值可知，男性在基本条件和发展成就方面的需求大于女性。

表5-6 不同性别相关者的质量需求重视度差异性检验结果

要素	性别	样本量	均值	标准差	T值	显著性
基本条件	男	301	3.9276	0.775	-1.170	0.242
	女	159	4.0164	0.771		
互动关系	男	301	3.8498	0.766	-1.594	0.112
	女	159	3.9711	0.794		
发展成就	男	301	3.9492	0.736	-1.553	0.121
	女	159	4.0611	0.733		

采用单因素方差分析法分析不同年龄相关者对质量需求看法的差异，检验结果如表5-7所示，由于显著性概率分别为0.569、0.105、0.487，均大于0.1，未达到显著水平，可知年龄导致的质量需求重要度差异是不显著的。但由各项质量需求的均值可知，年龄最大的和最小的相关者，最重视研究生教育的基本条件；35岁以上的年龄较大的相关者更重视研究生教育对其互动关系需求的满足；而35岁以下的年龄较小的相关者更重视研究生教育对其发展成就需求的满足。

表5-7 不同年龄相关者的质量需求重视度方差分析结果

要素	年龄	样本量	均值	标准差	F值	显著性
基本条件	25岁以下	239	3.987	0.791	0.673	0.569
	25～35岁	151	3.906	0.756		
	35～45岁	46	3.700	0.533		
	45岁以上	24	4.150	0.252		
互动关系	25岁以下	239	3.952	0.804	2.060	0.105
	25～35岁	151	3.764	0.718		
	35～45岁	46	4.000	0.738		
	45岁以上	24	4.050	0.443		
发展成就	25岁以下	239	4.023	0.754	0.813	0.487
	25～35岁	151	3.932	0.715		
	35～45岁	46	3.786	0.412		
	45岁以上	24	3.750	0.393		

采用单因素方差分析法分析不同学历相关者对质量需求看法的差异，检验结果如表5-8所示，由于显著性概率分别为0.155、0.717、0.647，均大于0.1，未达到显著水平，可知学历导致的质量需求重要度差异是不显著的。但由各项质量需求的均值可知，学历最低的本科以下的相关者最重视研究生教育的基本条件，而学历最高的博士相关者对研究生教育基本条件层次的需求最弱；硕士和本科学历的相关者对研究生教育互动关系层次的需求较高；学历因素与发展成就层次需求大致呈正相关，基本上学历越高的相关者对研究生教育发展成就层次的需求也越高。

表5-8 不同学历相关者的需求重视度方差分析结果

要素	学历	样本量	均值	标准差	F值	显著性
基本条件	博士	40	3.6000	0.795	1.757	0.155
	硕士	298	3.9707	0.797		
	本科	105	3.9695	0.699		
	本科以下	17	4.2286	0.423		
互动关系	博士	40	3.7200	0.891	0.450	0.717
	硕士	298	4.0571	0.360		
	本科	105	3.9105	0.709		
	本科以下	17	3.8927	0.798		
发展成就	博士	40	4.2245	0.571	0.552	0.647
	硕士	298	3.9741	0.658		
	本科	105	3.8357	0.928		
	本科以下	17	3.9965	0.751		

采用单因素方差分析法分析不同类型相关者对质量需求看法的差异，检验结果如表5-9所示，可知政府教育管理部门、用人单位、高校和在读研究生四类利益相关者，他（它）们对互动关系层次需求的重视度有显著差异（$P=0.037<0.05$），但对基本条件和发展成就需求的看法差异不明显（显著性概率分别为0.172、0.544，均大于0.1，未达到显著水平）。在本研究的样本中，在读研究生对研究生教育各层次质量需求均最强，而政府教育管理部门的质量需求相对较弱。

表5-9 不同类型相关者的需求重视度差异性检验结果

要素	类型	样本量	均值	标准差	F值	显著性
基本条件	政府教育管理部门	46	3.480	1.152	1.606	0.172
	用人单位	91	3.921	0.788		
	培养高校	79	3.779	0.626		
	在读研究生	244	3.996	0.778		
互动关系	政府教育管理部门	46	3.260	0.811	2.576*	0.037
	用人单位	91	3.822	0.755		
	培养高校	79	3.717	0.608		
	在读研究生	244	3.944	0.789		
发展成就	政府教育管理部门	46	3.671	0.938	0.772	0.544
	用人单位	91	3.998	0.737		
	培养高校	79	3.867	0.643		
	在读研究生	244	4.011	0.740		

注：*表示在0.05水平上显著。

经检验方差同质，可采用LSD后续比较法比较不同类型相关者对互动关系层次质量需求的重视度，如表5-10所示。结果表明，用人单位对互动关系需求的重视程度显著高于政府教育管理部门（$P=0.030<0.05$），在读研究生对互动关系需求的重视程度也显著高于政府教育管理部门（$P=0.006<0.01$）。

表5-10 不同类型相关者对互动关系层次需求重视度的多重比较结果

方差同质性	后续比较法	相关者类型(I)	相关者类型(J)	均值差异(I-J)	显著性
是	LSD	政府教育管理部门	用人单位	-0.56222*	0.030
			培养高校	-0.45724	0.107
			在读研究生	-0.68395**	0.006
		用人单位	培养高校	0.10498	0.530
			在读研究生	-0.12173	0.206
		高校	在读研究生	-0.22671	0.131

注：*表示在0.05水平上显著，**表示在0.01水平上显著；方差齐次性检验的Levene值为0.542，显著性为0.745，可知方差同质。

5.3.2 质量特征差异

采用独立样本 T 检验法分析不同性别相关者对研究生教育质量特征看法的差异,可知性别导致的质量特征要素重要度差异是不显著的(显著性概率均大于 0.1,未达到显著水平),如表 5-11 所示。但由各项质量特征的均值可知,女性对研究生教育各方面质量特征的重视程度均高于男性,仅在关怀性方面略低于男性。

表 5-11 不同性别相关者的质量特征重视度差异性检验结果

要 素	性 别	样本量	均 值	标准差	T 值	显著性
可靠性	男	301	3.969	0.756	-1.001	0.318
	女	159	4.044	0.781		
响应性	男	301	3.938	0.729	-0.967	0.334
	女	159	4.008	0.760		
声誉性	男	301	3.970	0.757	-0.855	0.393
	女	159	4.034	0.771		
关怀性	男	301	4.008	0.790	-0.884	0.377
	女	159	4.076	0.774		

采用单因素方差分析法分析不同年龄相关者对质量特征看法的差异,可知年龄导致的质量需求重要度差异是不显著的(显著性概率均大于 0.1,未达到显著水平),如表 5-12 所示。但由各项质量特征的均值可知,年龄在 25～35 岁及 45 岁以上的相关者最重视研究生教育的可靠性、响应性、声誉性和关怀性方面的质量特征,而 25 岁以下的和 35～45 岁的相关者对研究生教育以上方面的质量特征的重视度较弱。

表 5-12 不同年龄相关者的质量特征重视度方差分析结果

要 素	年 龄	样本量	均 值	标准差	F 值	显著性
可靠性	25 岁以下	239	3.988	0.757	0.487	0.691
	25～35 岁	151	4.018	0.767		
	35～45 岁	46	3.667	1.135		
	45 岁以上	24	4.167	0.839		

续表 5-12

要　素	年　龄	样本量	均　值	标准差	F 值	显著性
响应性	25 岁以下	239	3.930	0.732	0.707	0.548
	25～35 岁	151	4.023	0.751		
	35～45 岁	46	3.833	0.944		
	45 岁以上	24	4.188	0.625		
声誉性	25 岁以下	239	3.977	0.773	0.186	0.906
	25～35 岁	151	4.016	0.751		
	35～45 岁	46	4.000	0.566		
	45 岁以上	24	4.200	0.712		
关怀性	25 岁以下	239	4.007	0.783	0.601	0.614
	25～35 岁	151	4.071	0.784		
	35～45 岁	46	3.958	0.941		
	45 岁以上	24	4.438	0.826		

采用单因素方差分析法分析不同学历相关者对质量特征看法的差异，可知学历导致的质量特征重要度差异是不显著的（显著性概率均大于 0.1，未达到显著水平），如表 5-13 所示。但由各项质量特征的均值可知，博士学历的相关者比其他人都更重视研究生教育质量的响应性和声誉性特征；而学历最低的相关者则更强调研究生教育的可靠性和关怀性特征。

表 5-13　不同学历相关者的质量特征重视度方差分析结果

要　素	学　历	样本量	均　值	标准差	F 值	显著性
可靠性	博士	40	4.133	0.606	1.406	0.240
	硕士	298	3.949	0.778		
	本科	105	4.098	0.747		
	本科以下	17	4.192	0.716		
响应性	博士	40	4.063	0.638	0.571	0.634
	硕士	298	3.934	0.748		
	本科	105	4.029	0.735		
	本科以下	17	4.000	0.778		

续表 5-13

要　素	学　历	样本量	均　值	标准差	F 值	显著性
声誉性	博士	40	4.220	0.405	1.657	0.176
	硕士	298	3.945	0.787		
	本科	105	4.084	0.731		
	本科以下	17	4.171	0.647		
关怀性	博士	40	4.125	0.641	1.471	0.222
	硕士	298	3.983	0.801		
	本科	105	4.157	0.747		
	本科以下	17	4.143	0.852		

采用单因素方差分析法分析不同类型相关者对质量特征看法的差异，可知相关者类型导致的质量特征重要度差异是不显著的（显著性概率均大于 0.1，未达到显著水平）。如表 5-14 所示。但由各项质量特征的均值可知，政府教育管理部门和用人单位较重视研究生教育的可靠性、响应性、声誉性和关怀性质量特征，而研究生培养高校和在读研究生对这些质量特征的重视程度都稍弱于政府教育管理部门和用人单位。

表 5-14　不同类型相关者的质量特征重视度差异性检验结果

要　素	类　型	样本量	均　值	标准差	F 值	显著性
可靠性	政府教育管理部门	46	4.100	0.754	0.164	0.956
	用人单位	91	4.029	0.751		
	培养高校	79	3.954	0.765		
	在读研究生	244	3.982	0.775		
响应性	政府教育管理部门	46	4.100	0.728	0.259	0.904
	用人单位	91	3.982	0.725		
	培养高校	79	3.974	0.822		
	在读研究生	244	3.944	0.741		

续表 5-14

要素	类型	样本量	均值	标准差	F值	显著性
声誉性	政府教育管理部门	46	4.160	0.617	0.751	0.558
	用人单位	91	4.089	0.721		
	培养高校	79	3.966	0.790		
	在读研究生	244	3.977	0.772		
关怀性	政府教育管理部门	46	4.325	0.736	0.869	0.483
	用人单位	91	4.099	0.766		
	培养高校	79	4.155	0.830		
	在读研究生	244	3.993	0.788		

5.3.3 质量保障差异

采用独立样本 T 检验法分析不同性别相关者对研究生教育质量保障看法的差异，可知性别导致的质量保障要素重要度差异是不显著的（显著性概率均大于 0.1，未达到显著水平），如表 5-15 所示。但由各项质量保障的均值可知，女性对研究生教育质量保障各要素的重视程度均高于男性。

表 5-15 不同性别相关者的质量保障重视度差异性检验结果

要素	性别	样本量	均值	标准差	T值	显著性
政府管理	男	301	3.885	0.880	-0.625	0.533
	女	159	3.937	0.801		
高校管理	男	301	4.019	0.783	-0.184	0.854
	女	159	4.033	0.701		
社会协作	男	301	3.815	0.817	-0.679	0.497
	女	159	3.866	0.687		
学生参与	男	301	4.045	0.862	-0.162	0.871
	女	159	4.059	0.780		

采用单因素方差分析法分析不同年龄相关者对质量保障看法的差异，可知年龄导致的质量保障要素重要度差异是不显著的（显著性概率均大于0.1，未达到显著水平），如表5-16所示。但由各项质量保障的均值可知，35岁以上的年龄较大的相关者更认同政府管理和学生参与质量保障措施；35岁以下的年龄较小的相关者更认同高校管理和社会协作质量保障措施。

表5-16 不同年龄相关者的质量保障重视度方差分析结果

要素	年龄	样本量	均值	标准差	F值	显著性
政府管理	25岁以下	239	3.910	0.858	0.170	0.917
	25～35岁	151	3.879	0.857		
	35～45岁	46	4.056	0.574		
	45岁以上	24	4.083	0.918		
高校管理	25岁以下	239	4.045	0.754	0.378	0.769
	25～35岁	151	3.993	0.768		
	35～45岁	46	3.778	0.524		
	45岁以上	24	3.958	0.821		
社会协作	25岁以下	239	3.861	0.752	0.856	0.464
	25～35岁	151	3.796	0.824		
	35～45岁	46	3.625	0.565		
	45岁以上	24	3.375	0.661		
学生参与	25岁以下	239	4.055	0.853	0.142	0.935
	25～35岁	151	4.052	0.807		
	35～45岁	46	3.833	0.548		
	45岁以上	24	4.000	0.981		

采用单因素方差分析法分析不同学历相关者对质量需求看法的差异，可知不同学历的利益相关者对社会协作保障措施的看法存在显著差异（显著性概率$P=0.000<0.001$，达到显著水平），如表5-17所示。

表 5-17 不同学历相关者的质量保障重视度方差分析结果

要 素	学 历	样本量	均 值	标准差	F 值	显著性
政府管理	博士	40	3.933	0.777	0.072	0.975
	硕士	298	3.904	0.828		
	本科	105	3.905	0.973		
	本科以下	17	3.762	0.163		
高校管理	博士	40	3.892	0.771	0.226	0.879
	硕士	298	4.025	0.733		
	本科	105	4.043	0.841		
	本科以下	17	4.024	0.366		
社会协作	博士	40	4.036	0.792	6.237***	0.000
	硕士	298	3.871	0.765		
	本科	105	3.823	0.806		
	本科以下	17	3.713	0.728		
学生参与	博士	40	4.067	0.799	0.124	0.946
	硕士	298	4.047	0.826		
	本科	105	4.044	0.882		
	本科以下	17	4.238	0.659		

注：***表示在 0.001 水平上显著。

经检验方差同质，可采用 LSD 后续比较法比较不同学历相关者对社会协作保障措施的重视度。表 5-18 结果表明，硕士学历的相关者对社会协作保障措施的重视度显著高于本科以下学历的相关者（显著性概率 $P = 0.005 < 0.01$，达到显著水平），本科学历的相关者对社会协作保障措施的重视度也显著高于本科以下学历的相关者（显著性概率 $P = 0.000 < 0.001$，达到显著水平）。

表5-18 不同学历相关者对社会协作重视度的多重比较结果

	方差同质性	后续比较法	相关者类型(I)	相关者类型(J)	均值差异(I-J)	显著性
社会协作	是	LSD	博士	硕士	0.165	0.639
				本科	0.213	0.084
				本科以下	0.323	0.111
			硕士	本科	0.048	0.127
				本科以下	0.158**	0.005
			本科	本科以下	0.110***	0.000

注：**表示在0.01水平上显著，***表示在0.001水平上显著；方差齐次性检验的Levene值为1.265，显著性为0.286，可知方差同质。

采用单因素方差分析法分析不同类型相关者对质量需求看法的差异，可知政府教育管理部门、用人单位、培养高校和在读研究生四类利益相关者，他（它）们对政府管理保障措施的重视度存在显著差异（显著性概率$P=0.000<0.001$，达到显著水平），如表5-19所示。但由各项质量保障的均值可知，最认同通过政府管理、高校管理和社会协作来保证研究生教育的是培养高校，但培养高校对学生参与的重视度最弱，在读研究生本人则认为其参与到质量保障活动中是必要且有效的。

表5-19 不同类型相关者的质量保障重视度差异性检验结果

要素	类型	样本量	均值	标准差	F值	显著性
政府管理	政府教育管理部门	46	4.167	0.527	6.873***	0.000
	用人单位	91	3.844	0.832		
	培养高校	79	4.172	0.749		
	在读研究生	244	3.901	0.861		
高校管理	政府教育管理部门	46	4.283	0.485	0.800	0.494
	用人单位	91	3.973	0.693		
	培养高校	79	4.126	0.757		
	在读研究生	244	4.019	0.779		

续表 5-19

要　素	类　型	样 本 量	均　值	标准差	F 值	显著性
社会协作	政府教育管理部门	46	3.925	0.755	0.686	0.602
	用人单位	91	3.765	0.722		
	培养高校	79	4.035	0.680		
	在读研究生	244	3.827	0.786		
学生参与	政府教育管理部门	46	4.133	0.706	2.258	0.081
	用人单位	91	4.025	0.762		
	培养高校	79	3.966	0.803		
	在读研究生	244	4.054	0.863		

注：＊＊＊表示在 0.001 水平上显著。

经检验方差同质，可采用 Tamhane 后续比较法比较不同类型相关者对政府管理保障措施的重视度。表 5-20 结果表明，在读研究生对政府管理保障措施的重视度显著高于用人单位（显著性概率 $P=0.000<0.001$，达到显著水平），培养高校对政府管理保障措施的重视度显著高于在读研究生（显著性概率 $P=0.034<0.05$，达到显著水平）。

表 5-20　不同类型相关者对政府管理重视度的多重比较结果

方差同质性	后续比较法	相关者类型（I）	相关者类型（J）	均值差异（I-J）	显著性
政府管理	LSD	政府教育管理部门	用人单位	0.323	0.514
是			培养高校	-0.006	0.483
			在读研究生	0.271	0.854
		用人单位	培养高校	-0.329	0.854
			在读研究生	-0.058＊＊＊	0.000
		培养高校	在读研究生	0.265＊	0.034

注：＊表示在 0.05 水平上显著，＊＊＊表示在 0.001 水平上显著；方差齐次性检验的 Levene 值为 0.661，显著性为 0.619，可知方差同质。

5.4　研究结果讨论

本章前面的研究中已完成了研究生教育质量功能展开模型在广东省的

应用。接下来分别根据模型应用后获取的相关者需求要素权重、质量特征要素权重、质量保障要素权重数据进行分析，并分析性别、年龄、学历等相关者个人特征对相关者需求、质量特征和质量保障看法的影响，从中得到有利于推动研究生教育发展和提升研究生教育质量的思考与启示。

5.4.1 研究结果分析

接下来根据研究生教育质量功能展开模型在广东省的应用结果，尝试对其进行分析和解释。

1. 模型应用结果分析

（1）研究生教育相关者需求方面。

从相关者需求展开分量表在广东省研究生培养高校的应用结果来看，利益相关者最强调研究生教育满足他（它）们发展成就需求的能力。利益相关者最期望研究生教育为学生打下扎实的专业基础，使毕业生具备较强的就业竞争力，并通过教育成果提升培养高校的形象和美誉度；而这一切需要通过校内师生间的频繁交流，以及校企之间开展合作等方式来实现；培养高校具备的科研仪器设施等基本条件也是十分重要的。

以上研究结果可以通过双因素理论（two factors theory 或 motivator-hygiene theory）来解释。利益相关者对研究生教育基本条件的期望仅相当于"保健"因素，拥有这些基本条件和设施不能直接影响研究生教育质量水平，也不能提高利益相关者的满意度，然而当对这些基本设施需求的感知为恶化到不能接受的程度时，将导致研究生教育无法正常开展下去，会造成利益相关者的不满。利益相关者对研究生教育互动关系和发展成就方面的期望就相当于"激励"因素，当这些需求得到满足时能极大地提高利益相关者的满意度，并促使利益相关者对研究生教育投入更多的经济成本和非经济成本。本研究样本中的广东省内4所高校分别属于国家"985"和"211"工程重点高校，每年均得到来自国家政府和社会各界的大量投入，拥有丰富的人力、财力和设施资源，它们开展研究生教育的"保健"因素是充足的，但这只能使利益相关者处于既没有不满也不是满意的中性状态，因此要提高利益相关者的满意度，关键要从"激励"因素着手。

（2）研究生教育质量特征方面。

从质量特征展开分量表在广东省研究生培养高校的应用结果来看，利益相关者最重视研究生教育声誉方面的质量特征，并认为研究生发表论文和专利的水平、毕业生的就业情况、高校的知名度和美誉度等方面最能够体现研究生教育的质量；而培养高校能够与利益相关者有良好的沟通渠道和机制，并拥有一支水平高、结构合理的师资队伍，也是高质量的研究生教育的重要表现。

研究生教育的声誉性特征包括培养高校的知名度和美誉度，也包括培养的研究生的整体形象及社会影响等方面。在研究生教育中存在"马太效应"，成果较多、形象较好的高校更容易吸引到直接决定研究生教育质量的优质生源；研究生的报考率、报到率与保持率也受研究生培养高校声誉高低的影响；用人单位倾向于招收从排名靠前的高校中毕业的研究生；政府教育管理部门愿意给予声誉好的高校更多招生名额和财政拨款。声誉好的研究生教育服务不但能为受教育者提供理想的教育场所，满足受教育者知识、素质、能力发展的需要，为受教育者提供良好的就业和生活前景，同时也为研究生培养高校和用人单位乃至整个社会的持续发展助力。同时，研究生教育的声誉是在研究生教育的长期发展中累积形成的，实际上是对前期开展的研究生教育能否满足利益相关者明确或潜在的要求或满足程度的反映。从利益相关者对研究生教育声誉性质量特征的重视中还可以看出，用人单位、政府等外部利益相关者虽然对研究生教育开展过程十分关心，但往往缺乏了解实时质量信息的渠道，因而只能根据前期的研究生教育成果来采取行动。

（3）研究生教育质量保障方面。

从质量特征展开分量表在广东省研究生培养高校的应用结果来看，利益相关者认为，高校通过对教学和实践课程的合理安排、对教职人员的管理和激励及对教学全过程的严格考核，能有效地提升研究生教育质量；而政府可以通过持续财政投入来支持研究生教育，并根据教育质量评估结果采取差别化的管理措施；第三方社会机构独立地开展高校评估和排名活动并公布相关信息，也是保障和提升研究生教育质量的重要措施。

以上研究结果与国外现有的许多研究结果是一致的，高校最了解研究生教育中存在的资源匮乏和运行低效的问题，通过高校的内部质量管理机制，不但有利于解决教师的开课率低、学生的选修率低、课程保持率低等问题，也将能在一定程度上改善由政府和高校权利分配关系重构带来的种种问题[335]。Marsh等对澳大利亚和新西兰多所大学的研究生教育进行调研后指出，应该首先从导师、能力发展、研究氛围、基础设施、论文评审、任务明确程度等最能影响研究生教育质量的方面着手以保障和提升教育质量[336]。国内学者廖良才[337]、谢安邦[338]、杨秀颖等[339]在实证研究中也总结认为，研究生高校的图书资料、实验设备、科研条件、课程设置、导师的指导、学科水平、学术环境、会议交流等方面的管理机制是影响研究生教育质量最重要的因素，并提出了把握这种重要影响因素从而保障研究生教育质量的对策和建议。

2. 人口统计学变量影响分析

接下来分析本研究样本中不同性别、不同年龄、不同学历和不同类型相关者对研究生教育质量需求、质量特征、质量保障看法的差异。

(1) 性别因素的影响。

女性对研究生教育基本条件、互动关系和发展成就各层次的需求均高于男性，且女性对研究生教育可靠性、响应性、声誉性、关怀性各方面质量特征的重视程度均高于男性，同时女性对研究生教育质量保障的政府管理、高校管理、社会协作和学生参与的重视程度均高于男性。

虽然通过检验可知这种由于性别导致的差异并不显著，说明得到以上结果可能跟样本范围和样本数量有很大关系，仅在本次研究开展的区域范围和具体对象上存在这样的结论，不能推论至总体，但从本研究的结果来看，女性对研究生教育质量需求、质量特征和质量保障的重视度均高于男性，而在中国及东方传统文化中，一般认为女性的个性较为隐忍，表达意见时也较为含蓄[340]。这可能与女性在就业时处于弱势有关，全国第六次人口普查研究表明，2010年女性就业率比男性低13.8个百分点，且20年来我国16~59岁女性就业率持续下降，性别差异进一步扩大[341]。许多用人单位在新员工招聘时，对24~30岁尚未婚育的女性有明确的或隐含的歧视，因而接受了研究生教育的女性出于对就业前景和个人发展的担忧，更希望能够采取措施有效保障研究生教育质量，且更注重研究生教育质量的表现能否满足自己的发展需求。

(2) 年龄因素的影响。

由研究结果可知，在相关者需求方面，年龄最大的和最小的相关者都较重视研究生教育的基本条件，35岁以上的年龄较大的相关者更重视研究生教育对其互动关系需求的满足，而年龄较小的35岁以下的相关者更重视研究生教育对其发展成就需求的满足；在质量特征方面，年龄在25~35岁及45岁以上的相关者更重视研究生教育可靠性、响应性、声誉性和关怀性方面的质量特征，而25岁以下和35~45岁的相关者对研究生教育各方面质量特征的重视度较弱；在质量保障方面，35 岁以上的年龄较大的相关者更认同政府管理和学生参与质量保障措施，35 岁以下的年龄较小的相关者更认同高校管理和社会协作质量保障措施。这可能是由于绝大部分年龄在 25 岁以下的受访者是在读研究生，他们每天都能够切实地接触和融入研究生教育中，对其现状中存在的问题有更多了解，希望通过表达需求和意见来引起研究者或教育管理者的注意，从而影响教育管理措施的制定和实施；而年龄较大的利益相关者往往已经不再需要为生计奔波，更容易从个人和社会长远发展的角度看问题，更愿意为提升研究生教育质量并提升国家和社会竞争力贡献力量，因此他们表达意见从而提升研究生教育质量的意愿也更强烈。

然而通过检验可知，由年龄因素导致的差异并不显著，说明得到以上结果可能跟样本范围和样本数量有很大关系，仅在本次研究开展的区域范围和具体对象上存在这样的结论，不能推论至总体。

（3）学历因素的影响。

由研究结果可知，在相关者需求方面，学历最低的相关者最重视研究生教育的基本条件，硕士和本科学历的相关者对研究生教育互动关系层次的需求较高，学历因素与发展成就层次需求大致呈正相关，基本上学历越高的相关者对研究生教育发展成就层次的需求也越高；博士学历的相关者比其他人更重视研究生教育质量的响应性和声誉性特征，而学历最低的相关者则更强调研究生教育的可靠性和关怀性特征。造成这一结果的原因，可能是由于未接受过研究生教育的受访者倾向于将他们个人发展上的阻碍和问题归因于教育程度，他们希望能够通过接受更高层次的教育提升自己的竞争力，因而对研究生教育寄托了很大的期望；而拥有硕士和博士学历的利益相关者对研究生教育活动过程有一定的了解，他们只在互动关系和发展成就方面表现出强烈需求，但对于研究生教育的基本条件并不太重视。通过检验可知，学历因素导致的以上方面差异并不显著，仅说明在本次研究开展的区域范围和具体对象上存在这样的结论，不能推论至总体。

不同学历的利益相关者对社会协作保障措施的看法存在显著差异，硕士学历的相关者对社会协作保障措施的重视度显著高于本科以下学历的相关者，本科学历的相关者对社会协作保障措施的重视度也显著高于本科以下学历的相关者。这是由于接受过硕士和本科教育的相关者对研究生教育活动过程有一定的了解，清楚合作企业、媒体、捐赠者等利益相关者在保障研究生教育质量的活动中发挥的作用，因此他们也很乐于看到培养高校能够担负起学术指导以外的职责，通过产学合作或校际合作等方式，促进高校、研究生个人及整个社会的共同发展。

（4）类型因素的影响。

由研究结果可知，在相关者需求方面，在读研究生对研究生教育各层次质量需求均最强，而政府教育管理部门的质量需求相对较弱，且用人单位对互动关系需求的重视程度显著高于政府教育管理部门，在读研究生对互动关系需求的重视程度也显著高于政府教育管理部门；在质量特征方面，政府教育管理部门和用人单位较重视研究生教育的可靠性、响应性、声誉性和关怀性质量特征，而培养高校和在读研究生对这些质量特征的重视程度都稍弱于政府教育管理部门和用人单位，但这种差异并不显著；在质量保障方面，最认同通过政府管理、高校管理和社会协作来保证研究生教育的是培养高校，在读研究生本人则认为其参与到质量保障活动中是必要且有效的，且在读研究生对政府管理保障措施的重视度显著高于用人单位，培养高校对政府管理保障措施的重视度显著高于在读研究生。

得到以上结论，主要是由于各类利益相关者的知识背景及他（它）们在研究生教育中所处位置的差异，会影响他（它）们对质量需求、质量特征和质量保障的主观感知。从他（它）们对质量需求和质量保障看法的差异可知，虽然利益相关者往往难以完整准确地表达出研究生教育所应具有的所有质量特征，但他（它）们有能力感知研究生教育质量需求和质量保障要素的重要程度，因而本研究通过构建需求展开分量表、质量特征展开分量表和质量保障展开分量表，测试和分析利益相关者对量表内各题项的反应，是有参考价值的。

5.4.2 思考与启发

中国共产党第十八次全国代表大会报告中提出"教育事业科学发展必须坚持以人为本"，使研究生教育质量达到令人民满意的水平。从研究结果看，目前我国研究生教育的核心利益相关者最期望研究生教育满足他（它）们的发展成就需求，最重视研究生教育的声誉性质量特征，并认为高校管理方面的质量保障措施是最有效的。通过对实证研究结果的分析和思考，本研究从以下方面思考如何促进我国研究生教育的发展和教育质量的提升。

1. 坚持夯实专业基础

处于高等教育顶端的研究生教育更强调学术性和知识的深度，要培养基础扎实、质量高的人才，同样首先要保证高水平的教学课程，要有质量高、数量丰富的师资力量，还要持续改革质量考核制度。

(1) 保证教学课程水平。

从《中华人民共和国学位条例》中对硕士和博士研究生学位授予条件的描述来看，"掌握坚实宽广的基础理论和系统深入的专门知识"被放在首位，表明其最强调的是学术性要求。研究生高层次人才培养同样需要通过高水平课程学习阶段，以打下结实的专业基础。为了保证教学课程的水平和教材内容的先进适用，许多高校采取了学生选课、评课机制，这样的机制已被证明是行之有效且值得推广应用的。一方面，为了让更多学生选择课程并给出"好评"，学校和教师同时提升授课的趣味性和效用性，使学生接触到高质量的教学过程并完成高质量的专业学习；而另一方面，选课学生越多、评价越好的课程和任课教师，就越容易得到院系或学校提供的教学经费及政策支持，教师也就更有动力不断改进和提升授课质量。学生选课、评课机制的关键在于准确考核和落实执行，这样产生的"马太效应"才能保证优选出的课程和教师进入下一个正循环，无论学生、教师、高校还是政府和用人单位都是其中的受益者。

(2) 保持师资质量优良。

指导教师的水平是影响研究生教育质量的重要元素。学者 H. Zuckerman 曾对美国55位诺贝尔奖获得者的背景进行分析，发现其中有34位在学生时代曾经在获得过诺贝尔奖的前辈的指导下工作或学习过[342]。也有学者抽查了我国近10年的300篇全国优秀博士学位论文，其中超过5成的论文指导教师是中国科学院院士和中国工程院院士[343]。由此可见，数量足、质量高且认真投入的导师对研究生教育质量的正向作用十分显著。而有了优良的教师资源，更要有良好的导师管理制度与之配套。目前我国大体上实行研究生导师负责和导师资助制度，研究生导师虽然只需负担研究生生活费这部分不高的直接经济成本，但还有对学生指导的时间成本、科研成果受到学生影响的机会成本和管理成本等不可计量的部分，这部分的师资投入和回报仍难以计量和实施激励。杨卫院士曾指出："导师对研究生培养带来的回报越大，会激发出导师更强的责任心以及对研究生培养更多的投入。"[344]因此需要落实可计量和不可计量投入与回报率的计算，综合采取多种激励措施，保持师资队伍的数量丰富和质量优良，培养教师关爱学生、敬业爱岗，还可以通过教师的言传身教，将各种优良道德素质和社会责任感传导至学生。

(3) 改革质量考核制度。

虽然国家政府和社会各界向研究生教育持续大量地投入了各种人、财、物资，但我国政府主导模式下的研究生教育质量评估和管理活动中，研究生教育质量的考核指标显得统一和格式化，评估专家队伍构成的单一化问题也在一定程度影响了研究生教育质量信息的科学客观性，从而制约了我国研究生教育的发展和教育质量的提高。在研究生教育质量考核与质量评价活动中，可以通过调动社会力量使更多机构参与进来共同发挥作用。目前虽然有如教育部教学评估中心和教育部学位与研究生教育发展中心等具有独立法人资格的非营利性的社会组织，承担着教育部、国务院学位委员会委托开展的学位与研究生教育的评估、评审工作，也有如江苏省教育评估院、上海市教育评估院等区域性的社会机构，与当地的政府教育管理部门共同进行评估工作，但它们的活动仍主要针对基础教育方面。此外，还有一些新闻媒体或学者——如新浪网和搜狐网的教育频道、武书连课题组等，也独立地开展高校和学科排名等有利于促进教育质量提升和教育发展的活动。

2. 重点强调实践应用

提高研究生教育质量不仅意味着要提高学业水平，同时要更注重培养实践的能力、积极的情感、广泛的兴趣以及独立的人格。除了为学生提供坚实的知识基础和丰富的理论储备，研究生教育还应该从拓广合作共享、推进素质教育、调整学科布局等方面，重点培养毕业生适应社会的能力。

（1）拓广各方合作共享。

虽然课程教学提供的专业知识是研究生知识内涵、知识结构的载体，但实践教学提供的知识应用和技能拓展更直接表现在毕业生质量上。在当前严峻的就业形势下，用人单位越来越重视毕业生的"适用性"，即动手能力和沟通能力。许多毕业生在这些方面难以满足用人单位要求，这正是目前我国研究生教育现状中存在的备受诟病的问题。各高校、研究机构、用人单位、新闻媒体和中介机构等都能为我国研究生教育提供各种有形或无形资源，例如高校与高校之间、高校与科研院所之间的导师资源、课程资源、设备资源的共享，又如高校与用人单位之间搭建的实习基地和实践平台等，都有利于研究生教育与社会各类利益相关者的合作交流。研究生教育是一个系统，只有当各类利益相关者合作起来，实现资源共享和沟通交流，才能使研究生教育效益最大化，进一步提升研究生教育质量。

(2) 推进人才素质教育。

现代高等教育越来越重视受教育者身心自由、全面、和谐发展,《21 世纪的高等教育:展望和行动世界宣言》也指出,高等教育应该使受教育者具有"批判性和公正的看法",使之能够用批判性和前瞻性的眼光分析社会、经济、文化和政治趋势。作为研究生教育最重要的参与者和最终"产品",研究生本人的个人素质水平和努力程度,也是决定其能否顺利传承知识和技能并将之进行应用的关键。研究生层次的高等教育已经不是基础知识的学习,研究生在掌握了研究方法之上,必须有自发的创新意识和较高的自我管理规划水平。蒲云等曾对我国 30 位优秀博士学位论文获得者进行调查访谈,获得者中的 60% 认为努力和性格习惯等个人内在因素是学术成长的决定性因素[345]。王则温等认为个人的学习态度和投入程度关系到学位论文的质量,2001 年、2002 年和 2003 年均有 50% 的全国优秀博士学位论文获得者在读时间长达 3.5～6 年[346]。研究生教育一方面要鼓励学生追求自身的智慧发展和精神境界的提升;另一方面更要提供畅通的沟通渠道,广泛收集并有选择地采纳来自学生的意见建议,聆听受教育者的需求表达。

(3) 调整学科定位布局。

为了适应社会实际需要,提升培养的研究生就业质量和社会满意度,还需要与时俱进地对学科布局不断进行调整。各学科专业都应当做到根据学科发展和社会需求趋势,恰当定位培养目标,制定各阶段不同的培养目标,设置不同的培养模式,根据学科性质差异分配理论学习和实践的学时学分比例。《国家中长期教育改革和发展规划纲要(2010—2020 年)》中也指出要"制定高等学校分类标准,不同层次、类型高等学校应科学定位、各尽其责、突出办学特色",以适应我国经济社会发展对高等教育人才的多样化需求。因此,政府应结合研究生培养高校及学位在类型、目标及重点的不同,制订有差别的、多样化的投资计划和成果验收指标。例如,虽然我国授予硕士、博士研究生学位都需要提交学位论文,但对于研究型高校及基础学科的研究生,应侧重其学位论文的学术性,提供更多科研机会来鼓励学科发展、科技课题研究;而对于教学型高校和应用科学领域的研究生,则应侧重其学位论文的应用性,从发明创新开展、技术设计突破等方面来投资和考核成果。对于某些新兴产业人才缺口大、需求急迫的情况,就应该扩大相应学科专业的培养规模,或者在研究生培养学科目录中新增相关的学科专业,批准更多培养高校为相关产业提供人力资源;而对于某些将被淘汰的"夕阳产业",为了避免人才过剩和资源浪费,则可以适当减小培养规模,甚至取消相关学科专业的招生计划。

3. 落实教育发展战略

近年来,高等教育在推动我国现代化建设进程中的重要地位和作用一再被强调,"将教育摆在优先发展的战略地位"也在许多国家级的重大会议中被频频提起。为了落实优先发展教育,提高研究生教育质量,从而建设人力资源强国的战略思路,政府部门除了进一步完善制度规范之外,还需要提供正面引导以及呼吁社会大环境的配合。

(1) 政府完善制度规范。

为保障高等教育的有序发展以及教育质量的稳步提升,目前我国政府教育管理部门颁布了一系列的专门法律条款,如《中华人民共和国高等教育法》《中华人民共和国学位条例》,还有许多作为补充的行政法规,如《中华人民共和国学位条例暂行实施办法》《普通高等学校设置暂行条例》等,各地方层面也有大量的地方性法规及教育行政规章。它们为研究生教育质量管理提供了制度依据,对高校开办研究生教育的资质条件、教学水平、教育质量等方面进行了规定。这些法律法规在推动高等教育发展以及保障教育质量上都曾发挥巨大的作用。然而利益相关者对研究生教育的需求随着社会经济的迅速发展,也处在日新月异的动态变化中,因此为研究生教育建立制度规范并不是一劳永逸的独立事件,而应该是一个持续改进、不断完善的过程。为了提升我国研究生教育质量,满足利益相关者的需求和期望,应该不断对法律法规进行修订和完善,例如进一步阐明研究生教育质量评估过程实施和结果应用中的细节问题,进一步落实各部门的职责和权限,明确存在争议时的仲裁规则和流程,等等。同时,为了保障接受过研究生教育的女性就业的权利,政府还应该制定更多保护女性就业权利并禁止招聘时性别歧视现象发生的法规,通过拨款、补贴等形式鼓励用人单位招聘高学历女性人才,减缓她们在就读过程中的焦虑情绪。

(2) 正面引导提供动力。

从本研究的模型应用结果可知,来自政府教育管理部门和研究生培养高校的教育质量保障措施被认为是最重要且最有效的。我国政府教育管理部门承担着研究生教育的大部分成本,扮演着研究生教育服务的最大购买者这样一个角色,同时也行使着对研究生教育的监督和管理职能;而高校也是我国研究生教育的核心利益相关者之一,作为研究生培养地,承担着人才培养、知识创造、服务提供和文化引领等职能,决定着研究生教育发展的方向和水平。王孙禹等学者曾指出，我国的研究生培养目标不明确这一现象存在已久，导致我国研究生在培养方式、培养计划、培养学制等方面都存在着许多问题[347]。因此，需要政府教育部门和高校的正面引导力量，来保障和提升研究生教育质量。政府教育部门应该从国家战略和国家竞争力的需要出发，根据国家和地区的未来发展规划来制定研究生发展规划，并为研究生教育出台相关政策支持，推动研究生教育质量向满足社会需求方向发展；而各研究生培养高校则需要根据政府的发展规划，在符合总体战略的前提下，明确树立各自的研究生培养目标，并设定个性化的培养模式和培养计划，为利益相关者提供更多选择，在充实人才库的同时丰富人才类型。

（3）社会资源配合推动。

要优先发展教育并提高研究生教育质量，培养更多合格适用的高层次人才，还需要公共资源的配合以及社会氛围的熏陶。虽然社会机构一般作为用人单位或合作单位通过提供科研项目或实习平台等形式参与到研究生教育活动中，对我国研究生教育战略规划和各环节活动开展的影响程度有限，但我国研究生教育系统仍需要不断加强与社会经济宏观环境下的外部机构的联系和交流，努力建设学习型社会，变人口负担为提升国家竞争力的人力资源。一方面，需要向社会各界的利益相关者争取获得尽可能多的资源支持，为保障和提升我国研究生教育质量营造更好的条件；另一方面，了解社会各界各单位的动态需求情况，及时获得用人单位、合作单位的反馈信息，为制定下一步发展战略和选择教育质量保障措施提供参考，甚至还要跳出国内放眼国际，因为"国际化是高等教育质量的一个有机部分"[348]，要了解世界大环境下的高层次人才培养现状和发展趋势。

4. 鼓励培养创新精神

胡锦涛、温家宝、贾庆林等人曾多次强调"坚持走中国特色自主创新道路，为建设创新型国家而努力奋斗"的战略思想，而提高创新综合指数、科技进步贡献率和 R&D 投入占 GDP 比重，降低对外技术依存度指标，增加国家获得的三方专利数量等伟大目标的实现，都需要通过研究生教育培养出大量具有创新精神的人才。

（1）探索创新型培养模式。

健全充满活力的研究生教育体制可以从探索创新型的研究生培养模式入手，除了引入新的教学方法、教学形式和教学工具，融入社会责任感，更新教材内容之外,从最前沿的科研中引入新想法和新思路,并将这些新想法和新思路变成现实,推动产业和社会的进步,才能建设创新型国家。针对已具备一定基础的研究生培养可以采用例如团队训练、实践基地教学等更灵活的教育方法,在师资上也进一步提升来自实业的经验丰富的兼职导师比例,落实校企合作教学中的教学任务和管理责任,不让创新的培养模式流于形式。另外,研究生教育的国际化是发展到一定程度的高级阶段[349],让研究生教育面向国际开放也是能够最有效地提升研究生教育质量的措施之一。通过提高与国际知名大学联合培养研究生的数量和频率,深化国际间研究生教育的互访与合作机制,实现研究生教育内容的国际化,而更重要的是学习和借鉴国外研究生培养方法、理念和战略,使研究生教育质量管理也真正实现国际化,这样才能使我国在未来的国际人才竞争、科技竞争中不落人后。

(2) 创新教学管理制度。

以创新型人才培养体制为核心目标,对研究生教育领域综合改革的一个重要突破口是教学管理制度的改革。其中除了要在国家层面制定国家教育质量标准,"进一步消除制约教育发展和创新的障碍,形成与社会主义市场经济体制和全面建成小康社会目标相适应的充满活力、富有效率、更加开放、有利于科学发展的教育体制机制"[350]之外,更重要的是创新高校内部的管理制度,并综合发挥校外第三方机构的力量。前人的研究中已有许多文献反复强调了高校在研究生教育中的主导地位和重要作用,也有许多学者提出了要建立现代大学制度、强化质量意识等观点和对策建议。高校对内需要加强人才培养环节和过程并设置严格的学位授予标准,鼓励创新的学术氛围和卓越的竞争心态,持续提高教育教学和人才培养质量。随着外部环境的变化和不确定性的增多,利益相关者对研究生教育的质量需求也越来越难以把握,畅通的交流和反馈通道显得愈发重要[351]。为了促进与外部利益相关者的交流,高校更要建立健全校内监督评估机制,完善信息公开制度,主动参与政府主导的评估活动之余,还要定期制定和发布校内的年度科研、人才和经费报告,迎接高校外部的第三方机构、新闻媒体等其他利益相关者的检查。虽然目前我国社会上现存的教育中介和咨询机构一般都具有较强的行政依附性,其独立性和能够发挥的作用极其有限,但新闻媒体、教育中介等机构在英国、美国等教育发达国家对教育质量有着不可忽视的促进和保障作用,它们提供多方面的信息来监督和控制学位质量,为研究生教育体系的完善提供有力保障。

5.5 本章小结

本章在前文研究构建的研究生教育质量功能展开模型的基础上,将经过检验的模型应用到广东省内高校的研究生培养的实践中,得到相关者需求要素、质量特征要素及质量保障要素的权重数据,并分析人口统计学变量造成影响的显著性。从研究结果可知,利益相关者最强调研究生教育满足他(它)们发展成就需求的能力,用人单位和在读研究生对互动关系需求的重视程度都显著高于政府教育管理部门;利益相关者最重视研究生教育的声誉性质量特征,且不同性别、不同年龄、不同学历、不同类型的相关者对质量特征的看法差异不显著;利益相关者认为高校管理是最有效的质量保障措施,拥有硕士学历和本科学历的相关者对社会协作保障措施的重视度都显著高于本科以下学历的相关者,在读研究生对政府管理保障措施的重视度显著高于用人单位,培养高校对政府管理保障措施的重视度显著高于在读研究生。

第 6 章 结　　论

研究生教育处于高等教育的顶端，对国家经济发展和社会进步起着至关重要的作用。在研究生教育高速发展的同时，为了更好地对研究生培养过程及教育质量进行管理，使研究生教育得以持续健康地发展，本研究将质量功能展开理论、系统理论和利益相关者理论综合地运用于研究生教育质量管理领域，构建研究生教育质量功能展开模型。模型以"相关者需求—质量特征—质量保障"为思路，围绕利益相关者的需求，配置研究生教育质量特征并采取质量保障措施，把相关者需求转变为研究生教育活动中的参与者和管理者都能够理解和执行的具体信息，以便于研究生教育质量管理和质量改进活动的开展。

1. 研究主要结论

1) 通过将质量功能展开理论、系统理论和利益相关者理论综合运用于研究生教育质量管理领域，构建了由 3 个要素列表、3 个要素权重矩阵和 2 个相关矩阵组成的研究生教育质量功能展开模型。

3 个要素列表包括研究生教育相关者需求要素列表、质量特征要素列表和质量保障要素列表；3 个要素权重矩阵包括研究生教育相关者需求要素权重矩阵、质量特征要素权重矩阵和质量保障要素权重矩阵；2 个相关矩阵包括研究生教育相关者需求—质量特征相关矩阵和研究生教育质量特征—质量保障相关矩阵。

2) 对研究生教育质量功能展开模型结构要素进行分析，结果表明研究生教育相关者需求包括基本条件、互动关系、发展成就 3 个高阶维度，研究生教育质量特征包括声誉性、可靠性、响应性、关怀性 4 个高阶维度，研究生教育质量保障包括政府管理、高校管理、社会协作、学生参与 4 个高阶维度。

研究生教育质量保障对研究生教育质量特征和相关者需求均有显著的正向影响，研究生教育质量特征对相关者需求也有显著的正向影响。将质量保障按影响程度从大到小排序依次为高校管理、学生参与、政府管理、社会协作；将质量特征按影响程度从大到小排序依次为声誉性、可靠性、响应性、关怀性；将利益相关者需求按受影响程度从大到小排序依次为发展成就、互动关系、基本条件。

3）将研究生教育质量功能展开模型应用在广东省开展实证研究，结果表明利益相关者最期望研究生教育满足他（它）们的发展成就需求，最重视研究生教育的声誉性质量特征，并认为高校管理方面的质量保障措施是最有效的。

利益相关者对研究生教育最突出的需求主要包括：在基础条件上，有实验室、仪器设备等开展教学和科研活动所需的资源；在互动关系上，校内学生之间和师生之间有融洽频繁的交流，校外与企业间有良好的合作关系；在发展成就上，能为学生打下扎实的专业基础，使毕业生具备较强的就业竞争力，科研成果的转化率和高校的美誉度高。高质量的研究生教育主要表现在：在声誉性方面，高校的排名靠前，毕业生的就业情况良好，研究教育过程中发表的论文和专利及承担的科研项目水平高；在可靠性方面，有良好的教学硬件和高水平的师资队伍；在响应性方面，高校与各类利益相关者有一定的信息交流渠道和沟通机制。最有效的研究生教育质量保障措施包括：在政府管理方面，有持续的大量的经济投入；在高校管理方面，有严格的招生入学质量控制，对教学和实践课程有合理安排，对教职人员有管理和激励机制，对教学信息有良好的管理机制，对教学全过程有严格考核；在社会协作方面，有企业或科研机构提供产学合作机会。

4）分析研究生教育质量功能展开模型应用中受人口统计学变量的影响，结果表明不同类型的利益相关者对研究生教育需求有显著差异，不同学历和不同类型的利益相关者对研究生教育质量保障措施看法有显著差异。

用人单位和在读研究生对互动关系需求的重视度都显著高于政府教育管理部门；拥有硕士学历和本科学历的利益相关者对社会协作保障措施的重视度都显著高于本科以下学历的利益相关者；在读研究生对政府管理保障措施的重视度显著高于用人单位，培养高校对政府管理保障措施的重视度显著高于在读研究生。

2. 研究局限与未来工作的展望

中国的研究生教育质量管理既是理论研究中的热点问题也是实践中的重要问题,本研究虽然取得了一定的研究成果,但未来还可以在以下领域,或沿着以下思路,开展进一步的探讨:

1)本研究仅在广东省开展实证研究,对模型进行检验和应用得到的结论也只是针对广东省研究生教育而言的。由于历史、文化及经济发展水平和教育发展水平等方面的差异,我国其他地区的研究生教育利益相关者的需求、对研究生教育质量特征和质量保障的看法和侧重点都可能有所不同,对不同地区进行实证研究可能会得到不一样的结论。因而以后的研究可以拓展研究范围,对其他地区的研究生教育进行探索。

2)本研究的研究对象包括政府教育管理部门、培养高校、在读研究生和用人单位等核心利益相关者群体,但是回收到的问卷中样本数量最大的是在读研究生,另外3类核心利益相关者样本数量相对较少。因而今后的研究中,可以通过多种方法拓宽信息收集的渠道,尽可能多地收集其他核心利益相关群体的意见。

3)本研究的研究内容主要从利益相关者的角度出发,将利益相关者对研究生教育的需求与研究生教育质量联系起来,但由于时间、精力所限,只分析了不同性别、不同年龄、不同学历和不同类型的利益相关者的看法的差异,而没有深入对比来自不同类型的高校(科研型与教学型等)、不同类型的研究生教育(应用型与学术型等)中的利益相关者的看法的差异。因而未来可以就这些方面进行更深入的研究。

参 考 文 献

[1] 中华人民共和国中央人民政府门户网站. 教育部发布《2011年全国教育事业发展统计公报》[EB/OL]. http://www.gov.cn/gzdt/2012-08/30/content_2213875.htm. 2013-01-09.

[2] 中华人民共和国教育部门户网站. 教育统计数据（1998—2009）[EB/OL]. http://www.moe.edu.cn/publicfiles/business/htmlfiles/moe/moe_567/index.html. 2012-01-05.

[3] 中国学位与研究生教育信息网. 学位授予和人才培养学科目录（2011年）[EB/OL]. http://www.chinadegrees.cn/xwyyjsjyxx/sy/glmd/272726.shtml. 2013-01-09.

[4] 中华人民共和国中央人民政府门户网站. 国家中长期教育改革和发展规划纲要（2010—2020年）[EB/OL]. http://www.gov.cn/jrzg/2010-07/29/content_1667143.htm. 2012-03-20.

[5] 联合国教科文组织. 从统计数字看世界高等教育[J]. 教育参考资料, 2000（1）: 3-5.

[6] 李伟娟. 美国研究型大学崛起原因探究[D]. 郑州: 河南大学, 2006.

[7] 秦惠民. 学位与研究生教育大辞典[M]. 北京: 北京理工大学出版社, 1994.

[8] 杨汉清, 韩骅. 比较高等教育概论[M]. 北京: 人民教育出版社, 1997.

[9] 美国科学、工程与公共政策委员会. 重塑科学家与工程师的研究生教育[M] 徐远超, 等, 译. 北京: 科学技术文献出版社, 1999.

[10] 李红. 美国研究生教育的组织分析[D]. 杭州: 浙江大学, 2001.

[11] 教育部. 2009年中国教育事业发展状况统计[N]. 中国教育报, 2010-08-03（1）.

[12] Trow M. The expansion and transformation of higher education [J]. International Review of Education, 1972, 7 (1): 61-63.

[13] 中华人民共和国中央人民政府门户网站. 国家中长期教育改革和发展规划纲要（2010—2020年）[EB/OL]. http://www.gov.cn/jrzg/2010-07/29/content_ 1667143.htm. 2010-11-03.

[14] Marginson S. Dynamics of national and global competition in higher education [J]. Higher Education, 2006, 52 (1): 1-39.

[15] Reimers F. Citizenship, identity and education: Examining the public purposes of schools in an age of globalization [J]. Prospects, 2006, 36 (3): 275-294.

[16] Roberts A, Chou P, Ching G. Contemporary trends in East Asian higher education: Dispositions of international students in a Taiwan University [J]. Higher Education, 2009, 59 (2): 149-166.

[17] 谭净. 克拉克·克尔高等教育国际化与民族化思想评述——读《高等教育不能回避历史——21世纪的问题》[J]. 现代大学教育, 2009 (3): 77-81.

[18] 张伟江, 郭朝红. 大众高等教育质量保证的国际经验与特点管窥 [J]. 复旦教育论坛, 2010 (1): 40-44.

[19] 徐青. 高等教育国际化视野下的创新人才培养模式探索 [J]. 继续教育研究, 2010 (9): 57-58.

[20] Ferris J M. A contractual approach to higher education performance: With an application to Australia [J]. Higher Education, 2002, 24 (4): 503-516.

[21] Zhang J W. A cultural look at information and communication technologies in eastern education [J]. Educational Technology Research and Development, 2007, 55 (3): 301-314.

[22] Sarrico C S, Rosa M J, Teixeira P N, et al. Assessing quality and evaluating performance in higher education: Worlds apart or complementary views? [J]. Minerva, 2010, 48 (1): 35-54.

[23] 赵镇. 基于DEA的高等教育科技资源配置效率评价分析——以黑龙江省为例 [J]. 科技进步与对策, 2009, 26 (2): 112-115.

[24] 闫树涛. 探寻高等教育公平与效率的最佳平衡点 [J]. 成人教育, 2009 (7): 7-9.

[25] 钱军平. 基于生源差异的高等教育质量有效性分析 [J]. 江苏高教, 2010 (3): 32 - 35.

[26] Russo S. The culture of innovation in higher education processes [J]. Innovation and Technology—Strategies and Policies, 1997 (4): 157 - 165.

[27] Light G. From the personal to the public: Conceptions of creative writing in higher education [J]. Higher Education, 2002, 43 (2): 254 - 273.

[28] 杨艳玲. 创新人才培养模式,提高人才培养质量——国家教育行政学院2008春季教育论坛综述 [J]. 国家教育行政学院学报, 2008 (6): 66 - 70.

[29] 李怀祖, 席酉民, 郭菊娥. 构建孕育创新人才的大学学术文化 [J]. 西安交通大学学报: 社会科学版, 2009, 29 (2): 80 - 86.

[30] 刘培. 全球化背景下的大学人才培养改革与创新——第二届中德高等教育论坛综述 [J]. 复旦教育论坛, 2009 (3): 86 - 89.

[31] Tapper T. Continuity and change in the funding of British Higher Education [J]. The Governance of British Higher Education, 2007 (3): 147 - 165.

[32] Bombała B. In search of a new model of education [J]. Education in Human Creative Existential Planning, 2008, 9 (5): 383 - 393.

[33] 张乐天. 对我国高校内部管理体制改革的政策回顾与反思 [J]. 复旦教育论坛, 2008 (5): 14 - 18.

[34] 徐翠华. 高校研究生教育管理体制研究 [J]. 江苏高教, 2009 (5): 92 - 94.

[35] 张忠迪. 高校科技创新体制和机制存在的问题及对策研究 [J]. 科技管理研究, 2010 (11): 124 - 126.

[36] 王善迈. 社会主义市场经济条件下的教育资源配置方式 [J]. 辽宁教育研究, 1997 (5): 12 - 16.

[37] 张斌贤, 康绍芳. 教育属性的新探索 [J]. 国家教育行政学院学报, 2010 (9): 24 - 30.

[38] Russell J S, Stouffer B, Walesh S G. The first professional degree: A historic opportunity [J]. Journal of Professional Issues in Engineering Education and Practice, 2000, 126 (4): 54 - 63.

[39] Powell S, Long E. Professional doctorate awards in the UK [DB/OL]. http://www.ukcge.ac.uk. 2009 - 11 - 20.

[40] Grevholm B, Persson L E, Wall P. A dynamic model for education of doc-

toral students and guidance of supervisors in research groups [J]. Educational Studies in Mathematics, 2005, 60 (2): 173 – 197.

[41] 张玉岩, 王蒲生. 学科群视野的美国研究生规模和结构演变及启示 [J]. 高教探索, 2010 (3): 102 – 105.

[42] 王根顺, 焦炜. 高等教育发展与我国研究生教育科类结构、层次结构关系初探 [J]. 兰州大学学报: 社会科学版, 2002, 30 (5): 153 – 157.

[43] 李立国, 詹宏毅. 我国博士研究生教育的学科结构变化分析 [J]. 复旦教育论坛, 2008 (6): 28 – 32.

[44] Şenyapili B, Basa Ý. The shifting tides of academe: Oscillation between hand and computer in architectural education [J]. International Journal of Technology and Design Education, 2006, 16 (3): 273 – 283.

[45] Schwarz S, Teichler U. The institutional basis of higher education research [M]. Netherlands: Kluwer Academic Publishers, 2000.

[46] Selke M. The professional development of teachers in the United States of America: The practitioners' master's degree [J]. European Journal of Teacher Education, 2001, 24 (2): 183 – 212.

[47] 杨晓明. 农业经济管理学科建设与人才培养模式研究——以黑龙江省研究生教育为例 [J]. 学术交流, 2009 (10): 201 – 204.

[48] 邬智, 江珂珂, 罗丹. 理工类硕士研究生知识结构调研报告——以广州地区四所高校为例 [J]. 国家教育行政学院学报, 2010 (5): 77 – 82.

[49] Hoddell S. The professional doctorate and the PhD-converging or diverging lines [R]. A Presentation to the Annual Conference of SRHE, University of Leicester, 21 December 2000.

[50] Crawford S. The professional science master's degree: Meeting the skills needs of innoative industries [DB/OL]. NGA Center for Best Practices. http://www.nga.org/center. 2006 – 03 – 15.

[51] 刘国瑜. 论专业学位研究生教育的基本特征及其体现 [J]. 中国高教研究, 2005 (11): 31 – 32.

[52] 翟亚军, 王战军. 我国专业学位教育主要问题辨识 [J]. 学位与研究生教育, 2006 (5): 23 – 27.

[53] 叶宏. 学术学位与专业学位研究生培养模式比较研究 [J]. 中国成人教育, 2007 (11): 75 – 76.

[54] McGuineess A C. Lessons from European integration for US higher education [J]. Tertiary Education and Management, 1997, 3 (4): 333-342.

[55] Schiller D, Liefner I. Higher education funding reform and university-industry links in developing countries: The case of Thailand [J]. Higher Education, 2007, 54 (4): 543-556.

[56] Hazelkorn E, Moynihan A. Ireland: The challenges of building research in a binary higher education culture [J]. Higher Education Dynamics, 2010 (19): 175-197.

[57] 王中华. 美国研究生教育及其对我国的启示 [J]. 继续教育研究, 2009 (12): 52-57.

[58] 贾云鹏. 我国研究生教育资源地域分布特点评析——基于省际视角的考察 [J]. 教育科学, 2010 (1): 5-8.

[59] 解希顺. 中韩两国研究生教育之比较 [J]. 东南大学学报: 哲学社会科学版, 2010, 12 (3): 117-119.

[60] Goetseh D L, Davis S. Introduction to total qality: Quality, produetivity, competitiveness [M]. New York: Prentice Hall International, Inc, 1994.

[61] 胡弼成. 高等教育质量观的演进 [J]. 教育研究, 2006 (11): 24-28.

[62] 龚益鸣. 质量管理学 [M]. 上海: 复旦大学出版社, 2000.

[63] 刘慧罗. 质量管理学 [M]. 西安: 西北工业大学出版社, 1992.

[64] Crosby P B. Completeness: Quality for the 21st century [M]. New York: E P Dutton/Penguin USA, 1992.

[65] [美国] 约瑟夫·M. 朱兰, [美国] 约瑟夫·A. 德费欧. 朱兰质量手册: 通向卓越绩效的全面指南 [M]. 6版. 卓越国际质量科学研究院, 译. 北京: 中国人民大学出版社, 2014.

[66] [瑞典] 雷纳特·桑德霍姆. 全面质量管理 [M]. 王晓生, 段一泓, 胡欣荣, 译. 北京: 中国经济出版社, 2003.

[67] Feigenbaum A V. Total quality control: Achieving productivity, market penetration, and advantage in the global economy [M]. New York: McGraw-Hill Companies, 2012.

[68] 马万民. 高等教育服务质量管理的理论与应用研究 [D]. 南京: 南京理工大学, 2004.

[69] 张公绪. 新编质量管理学 [M]. 北京: 高等教育出版社, 1998.

[70] 李铁男 (译). ISO 8402—1994 质量管理和质量保证—词汇 (2)

[J]. 工程质量, 1995 (3): 37-40.

[71] Bandab M S. Meeting the challenges: The development of quality assurance in Owen's Colleges of Education [J]. Higher Education, 2005, 50 (2): 181-195.

[72] 马万民. 高等教育服务质量管理研究 [M]. 上海: 上海交通大学出版社, 2005.

[73] [美国] 斯蒂芬·P. 罗宾斯, [美国] 戴维·A. 德森佐, [美国] 亨利·穆恩. 管理学原理 [M]. 毛蕴诗, 译. 北京: 中国人民大学出版社, 2008.

[74] 韩之俊, 徐前. 质量管理 [M]. 北京: 科学出版社, 2003.

[75] [瑞典] 雷纳特·桑德霍姆. 全面质量管理 [M]. 王晓生, 段一泓, 胡欣荣, 译. 北京: 中国经济出版社, 1998.

[76] Bergquist K, Abeysekera J. Quality function deployment (QFD) — A means for developing usable products [J]. International Journal of Industrial Ergonomics, 1996, 18 (4): 269-275.

[77] 杨明顺, 邵利真, 高新勤, 等. QFD 与 FMEA 集成模型在 6σ 定义阶段应用研究 [J]. 西安理工大学学报, 2010 (2): 152-155.

[78] [日本] 赤尾洋二. 建立 ISO 9000 与 QFD 相结合的质量体系 [J]. 上海质量, 1999, 118 (10): 35-38.

[79] Freidina E V, Botvinnik A A, Dvornikova A N. Coal quality control in the context of international standards ISO 9000—2000 [J]. Journal of Mining Science, 2008, 11 (6): 585-599.

[80] 胡子祥. 高等教育服务质量的实证研究——给予学生感知的视角 [M]. 成都: 西南交通大学出版社, 2009.

[81] Stark J S, Lowther M A. Measuring higher education quality [J]. Research in Higher Education, 1980 (3): 283-287.

[82] Lewise R G, Smith D H. Total quality in higher education [M]. Delray Beach: St. Lucie Press, 1994.

[83] 中华人民共和国教育部. 国家中长期教育改革和发展规划纲要 (2010—2020 年) [EB/OL]. http://www.moe.edu.cn/publicfiles/business/htmlfiles/moe/moe_ 838/201008/93704. html. 2011-08-26.

[84] 《中国学位与研究生教育发展战略报告》编写组. 中国学位与研究生教育发展战略报告 (2002—2010) (征求意见稿) [J]. 学位与研究生

教育, 2002 (6): 1-13.

[85] 王孙禺, 袁本涛, 赵伟. 我国研究生教育质量状况综合调研报告 [J]. 中国高等教育, 2007 (9): 32-35.

[86] 李立国. 以科学的理念引导大学排行健康发展 [J]. 中国高等教育, 2007 (9): 30-32.

[87] 潘武玲. 我国研究生教育质量评价体系研究 [D]. 上海: 华东师范大学, 2004.

[88] 联合国教科文组织. 关于高等教育的变革与发展的政策性文件 [EB/OL]. http://www.moe.edu.cn/edoas/website18/level2.jep?tablename =734,2009-05-26.

[89] 教育部网站. 中共中央国务院关于深化教育改革, 全面推进素质教育的决定 [EB/OL]. http://www.moe.edu.cn/publicfiles/business/htmlfiles/moe/moe_177/200407/2478.html. 2012-07-11.

[90] 周济. 谋划改革的新突破实现发展的新跨越——关于加快建设世界一流大学和高水平大学的几点思考 [J]. 中国高等教育, 2004 (17): 3-8.

[91] Husen T, Kogan M. Educational research and policy: How do they relate? [M]. New York: Pergamon Press, 1984.

[92] 熊志翔. 高等教育质量保障体系研究 [M]. 长沙: 湖南人民出版社, 2002.

[93] [美国] 伯顿·R. 克拉克. 高等教育系统——学术组织的跨国研究 [M]. 王承绪, 徐辉, 译. 杭州: 杭州大学出版社, 1994.

[94] Nybom T. A rule-governed community of scholars: The humboldt vision in the history of the European University [J]. University Dynamics and European Integration, 2007, 19 (2): 55-80.

[95] Wallace J B. The case for student as customer [J]. Quality Progress, 1999 (2): 145-166.

[96] Canic M J, McMarthy P M. Service quality and higher education do mix [J]. Quality Progress, 2000, 33 (9): 41-46.

[97] 刘俊学. 服务性: 高等教育质量的基本特性 [J]. 江苏高教, 2001 (4): 40-42.

[98] Johnston R J, Chalkley B. Quality assessment of teaching: Inputs, processes and outputs [J]. Journal of Geography in Higher Education, 1994, 18 (2): 184.

[99] Tarrou H, Lise A. The evaluation of structures in European universities [J]. Journal of Education, 1999, 34 (9): 267-298.

[100] 戚业国. 论高等教育大众化时代的质量观 [J]. 教师教育研究, 2002, 14 (2): 39-44.

[101] 陈玉琨. 论教育质量观与素质教育 [J]. 中国教育学刊, 1997 (3): 26-29.

[102] Parasuramen A, Zeithami Valarie A, Berry Leonard L. A conceptual model of service quality and its implications for future research [J]. Journal of Marketing, 1985, 49 (4): 41-51.

[103] Buzzell R D, Gale B T. The PIMS principles: Linking strategy to performance [M]. New York: Free Press, 1987.

[104] Guaspari J. I know it when I see it: A modern fable about quality [M]. New York: AMACOM, 1991.

[105] 潘懋元. 走向大众化时代的高等教育质量——在全国高等教育学研究会第六届学术年会开幕式上的发言 [J]. 高等教育研究, 2001 (4): 1-2.

[106] 陈磊, 肖静. 高等教育质量观的理性思考与多元化构建 [J]. 中国高教研究, 2005 (3): 35-37.

[107] [南斯拉夫] 德拉高尔朱布·纳伊曼. 世界高等教育的探讨 [M]. 令华, 译. 北京: 教育科学出版社, 1982.

[108] 房剑森. 高等教育发展论 [M]. 桂林: 广西师范大学出版社, 2001.

[109] 王洪才. 论均衡的高等教育质量观的建构 [J]. 教育与现代化, 2002 (2): 3-8.

[110] 马万民. 试述高等教育质量观的演进与建构 [J]. 高等工程教育研究, 2007 (4): 52-55.

[111] 房剑森. 21世纪高等教育质量的要领与标准 [J]. 中国高等教育评估, 2000 (1): 7-11.

[112] 潘懋元. 高等教育大众化的教育质量观 [J]. 回顾与展望——高教研究, 2003 (1): 9-11.

[113] 刘俊学, 袁德平. 高等教育质量是"服务质量"与"产品质量"的辩证统一 [J]. 江苏高教, 2004 (4): 23-25.

[114] Stanley C E, Patrick J W. Quality assurance in American and British

higher education: A comparison [J]. New Directions for Institutional Research, 1998 (99): 39-55

[115] 徐景武. 高等教育评估中的政府行为模式探析 [J]. 江苏高教, 2000 (3): 56-61.

[116] 王道红. 研究生教育质量保证体系比较分析 [J]. 教育与现代化, 2005 (2): 18-24.

[117] 陈玉琨. 西方高等教育质量保障模式 [J]. 世界教育信息, 2005 (7): 48.

[118] 陆震. 政府视角下的研究生教育质量再造 [D]. 上海: 同济大学, 2008.

[119] [美国] 马丁·特罗. 从精英向大众教育转变中的问题 [J] 王香丽, 译. 外国高等教育资料, 1999 (1): 22-24.

[120] Shore C, Wright S. Audit culture: Anthropological studies in accountability, ethics and the academy [M]. London: Routledge, 2000.

[121] UNEWSCO: World declaration on higher education for the twenty-first century [R]. Paris: Vision & Action, 1998.

[122] Owlia M S, Aspinwal E M. A framework for the dimensions of quality in higher education [J]. Quality Assurance in Education, 1996, 4 (2): 12-20.

[123] Oldfield B M, Baron S. Student perceptions of service quality in a UK university business and management faculty [J]. Quality Assurance in Education, 2000, 8 (2): 85-95.

[124] 王伟廉. 21世纪初中国高等教育质量问题解析 [J]. 中国高等教育评估, 2001 (3): 81-85.

[125] Gronroos C. A service quality model and its marketing implications [J]. European Journal of Marketing, 1984, 18 (4): 44-53.

[126] Lindqvist L. Customers perception of quality in consumption phase [R]. Helsinki: Swedish School of Business and Economics, 1988.

[127] 石邦宏, 王孙禹, 袁本涛. 市场约束下的研究生教育质量内涵 [J]. 学位与研究生教育, 2009 (1): 29-32.

[128] 施晓光. 西方高等教育全面质量管理体系及对我国的启示 [J]. 比较教育研究, 2002 (2): 32-37.

[129] Vernardakis G. Graduate education in government in England, France,

and the United States [M]. Boston: University Press of America, 1998.

[130] Brown W O. Sources of funds and quality effects in higher education [J]. Economics of Education Review, 2001 (20): 289-295.

[131] 张培丽. 当前经济发展阶段我国研究生规模研究——从美国的经验谈起 [J]. 财贸经济, 2009 (6): 74-78.

[132] 李莹, 陈学飞. 我国研究生教育规模发展分析 [J]. 高等教育研究, 2006 (1): 70-75.

[133] 周太军, 马桂敏. 研究生教育规模变动影响因素的实证分析 [J]. 理工高教研究, 2005 (12): 26-29.

[134] 张建功, 孙飞燕. 基于主成分回归分析法的美国专业学位研究生规模影响因素研究 [J]. 高等工程教育研究, 2008 (6): 137-141.

[135] 龚怡祖. 略论大学培养模式 [J]. 高等教育研究, 1998 (1): 86-87.

[136] 赵丽. 关于我国研究生培养模式多样化的探讨 [D]. 曲阜: 曲阜师范大学, 2002.

[137] 胡玲琳. 我国高校研究生培养模式研究——从单一走向双元模式 [D]. 上海: 华东师范大学, 2004.

[138] 姬建峰. 影响我国高等教育管理效益的因素及对策探讨 [J]. 理论导刊, 2006 (9): 82-84.

[139] 何振雄. 整合不同类型研究生培养模式, 满足社会发展对各类人才的需求 [J]. 学位与研究生教育, 2007 (10): 52-55.

[140] 张林英, 高群, 许蔚萍. 高等教育教学质量形成机理的实证研究 [J]. 社会科学家, 2009 (12): 114-117.

[141] 王碧艳, 唐德海. 高等教育质量及其保障的比较研究 [J]. 广西师范大学学报: 哲学社会科学版, 2004 (1): 104-109.

[142] Ikenberry S O. Defining a new agenda: Higher education and the future of America [J]. NCA Quarterly, 1997, 71 (4): 445-450.

[143] 万毅平. 美国的高校认证与教育评估 [J]. 江苏大学学报: 高教研究版, 2003 (2): 25-30.

[144] 美国高等教育认证委员会 CHEA 官方网站资料 [EB/OL]. http://www.chea.org/pdf/2009.06_Overview_of_US_Accreditation.pdf. 2010-08-06.

[145] Brumbaugh J A. The significance of accreditation annals of the American Academy of Political and Social Science [J]. Critical Issues and Trends

in American Education, 1949 (265): 61-68.

[146] Hagerty M K B, Stark S J. Comparing educational accreditation standards in selected professional fields [J]. The Journal of Higher Education, 1989, 60 (1): 1-20.

[147] 李延成. 美国高等教育认证制度：一种高等教育管理与质量保障模式 [J]. 高等教育研究, 1998 (6): 94-98.

[148] 熊耕. 美国高等教育认证制度的起源及其形成动力分析 [J]. 外国教育研究, 2004 (6): 61-64.

[149] 熊耕. 美国高等教育认证制度的特点分析 [J]. 比较教育研究, 2002 (9): 8-12.

[150] 张振刚. 美国高等教育认可和认证系统研究 [J]. 学位与研究生教育, 2007 (7): 62-69.

[151] Schwarz S, Teichler U. The institutional basis of higher education research [M]. Netherlands: Kluwer Academic Publishers, 2000.

[152] 何燕茹. 重视教师职业特色 保证教育硕士专业学位教育质量 [J]. 学位与研究生教育, 2002 (1): 13-15.

[153] 白丽金, 袁贵生, 吴霞. 采取措施提高临床医学专业学位研究生的培养质量 [J]. 中国高等医学教育, 2003 (1): 34-36.

[154] 董丽敏, 张思东. 提高认识 加强管理 保证工程硕士专业学位培养质量 [J]. 理工高教研究, 2006, 25 (4): 39-40.

[155] 武晓维, 李勇. 把握专业学位特点 提高农业推广硕士培养质量 [J]. 中国农业教育, 2004 (3): 21-22.

[156] 周学军, 王战军. 中国学位与研究生教育评估的产生、发展与未来趋势 [J]. 扬州大学学报：高教研究版, 2005: 2 (9): 3-7.

[157] 毕家驹. 国际高等教育质量保证的发展动向 [J]. 中国高等教育评估, 2006 (4): 35-38.

[158] 李三福, 陈京军. 论研究生教育质量保障机制的构建 [J]. 当代教育论坛：校长教育研究, 2008 (4): 33-35.

[159] 张云. 基于全面质量管理的高校教学管理 [J]. 中国林业教育, 2007 (3): 24-28.

[160] 王战军, 廖湘阳, 周学军. 中国高等教育评估实践的问题及对策 [J]. 清华大学教育研究, 2004, 12 (6): 60-65.

[161] 吴启迪. 中国高等教育评估体系的构建与完善 [J]. 教育发展研究,

2009 (3): 38-41.

[162] 马万民. 高等教育服务质量管理研究 [M]. 上海: 上海交通大学出版社, 2005.

[163] 凌玲. 高等教育: 质量疑问 [J]. 江苏高教, 2007 (4): 56-58.

[164] 杜娟, 曾冬梅. 高等教育外部质量保障体系闭环系统初探 [J]. 高教发展与评估, 2007 (1): 54-59.

[165] 康宏. 我国高等教育评估中介组织发展研究 [J]. 高教探索, 2007 (3): 36-38.

[166] 何晓华, 杨德森. 自我评估: 研究生质量保证体系的基础 [J]. 高等工程教育研究, 2001 (2): 81-82.

[167] 范德林. 博士研究生质量保证体系研究 [J]. 黑龙江高教研究, 2001 (5): 71-72.

[168] 田恩舜. 我国高等教育质量保证模式的建构策略 [J]. 高等教育研究, 2007 (7): 66-72.

[169] 徐毅鹏, 杨哲人. 大众教育条件下浙江高等教育质量保证体制探讨 [J]. 浙江树人大学学报, 2005, 11 (6): 53-56.

[170] 刘军山, 孟万金. 关于高等教育评价指标体系质量的探讨 [J]. 江苏高教, 1999 (6): 11-13.

[171] 刘军山, 徐枞巍. 高等教育评价指标体系质量问题的理论探讨 [J]. 北京航空航天大学学报: 社会科学版, 2000 (1): 57-59.

[172] 熊伟. 质量功能展开——从理论到实践 [M]. 北京: 科学出版社, 2009.

[173] [日本] 水野滋. 全企业综合质量管理——TQC 的引进和推行 [M]. 宋永林, 陆霞, 译. 北京: 中国计量出版社, 1989.

[174] Yoji A. Quality function deployment, integrating customer requirements into product design [M]. Cambridge, Massachusetts: Productivity Press, 1990.

[175] 熊伟, [日本] 新藤久和. 软件开发的质量保证 [J]. 软件开发与应用, 1993 (1): 28-31.

[176] 熊伟. 关于质量功能展开的若干问题 [J]. 世界标准化与质量管理, 1997 (7): 4-6.

[177] 熊伟. 质量功能展开概念的扩展与在软件中的应用 [J]. 管理工程学报, 1999 (3): 65-66.

[178] 熊伟. 质量功能展开：理论与方法 [M]. 北京：科学出版社, 2012.

[179] 邵家骏. 质量功能展开 [J]. 航空标准化与质量, 1994 (5)：45-48.

[180] 邵家骏. 质量功能展开 [M]. 北京：机械工业出版社, 2004.

[181] 李永忠. 基于 QFD 的研发项目风险管理框架及其有效性评估实验研究 [D]. 南京：南京理工大学, 2010.

[182] Clausing D P, Pugh S. Enhanced QFD [C]. Honolulu：Proceeding of the Design Productivity International Conference, 1991：15-25.

[183] Adiano C, Roth A V. Beyond the house of quality：Dynamic QFD. The fifth symposium on QFD [C]. Michigan：Novi, 1993.

[184] Prasad B. A concurrent function deployment techniques for a workgroup-based engineering design process [J]. Journal of Engineering Design, 2000, 11 (2)：103-119.

[185] Prasad B. Review of QFD and related deployment techniques [J]. Journal of Manufacture System, 1998, 17 (3)：221-234.

[186] Masud A S M, Dean E B. Using fuzzy sets in QFD [C]. Proceedings of the 2nd Industrial Engineering Research Conference, 1992

[187] Lai X, Xie M, Tan K C, et al. Ranking of customer requirements in a competitive environment [J]. Computers & Industrial Engineering, 2008, 54 (2)：202-214.

[188] Ho E S S A, Lai Y J, Chang S I. An integrated group decision-making approach to quality function deployment [J]. IIE Transactions, 1999 (31)：553-567.

[189] 熊伟，[日本] 新藤久和，[日本] 渡边喜道. 软件需求定量分析及其映射的模糊 AHP 法 [J]. 软件学报, 2005, 16 (3)：427-433.

[190] 熊伟. AHP 相容性的评价与改良 [J]. 管理工程学报, 1999, 13 (2)：36-38.

[191] 刘鸿恩. 改进的质量功能展开 [J]. 系统工程理论与方法应用, 1995 (4)：49-53.

[192] 刘鸿恩, 张列平. 质量功能展开（QFD）理论与方法研究进展综述 [J]. 系统工程, 2000 (2)：1-6.

[193] 刘鸿恩, 张列平, 车阿大, 等. 改进的质量功能展开（Ⅱ）——系统方法 [J]. 系统工程理论与实践, 2000 (2)：32-37.

[194] 刘晓冰,杨静萍,马跃. 基于质量功能展开的特钢产品多工艺方案增量设计方法 [J]. 计算机集成制造系统, 2009, 15 (1): 28-36.

[195] 白晓丽,徐雪萌,田勇. 质量功能展开在绿色制造中的应用 [J]. 信息技术, 2010 (1): 18-19.

[196] 熊伟,王晓暾. 基于质量功能展开的可信软件需求映射方法 [J]. 浙江大学学报:工学版, 2010 (5): 881-886.

[197] Karlsson J. Managing software requirements using quality functiondeployment [J]. Software Quality Journal, 1997 (6): 311-325.

[198] 吴隽,王兰义,李一军. 基于模糊质量功能展开的物流服务供应商选择研究 [J]. 中国软科学, 2010 (3): 145-151.

[199] 施国洪,王言涛,钱芝网. 集成模糊 QFD 模型在航运投资决策中的应用 [J]. 工业工程, 2010, 13 (3): 81-88.

[200] Gento A M, Minambres M D, Redondo A, et al. QFD application in a service environment: A new approach in risk management in an university [J]. Operational Research, 2001, 1 (2): 115-132.

[201] 胡剑波,梁工谦,刘伟. 质量功能展开在我国高等教育质量管理中的应用 [J]. 科学学与科学技术管理, 2008, 29 (3): 99-102.

[202] 丁成富,王明. QFD 与 TRIZ 理论在大学教学环节中的应用 [J]. 机电产品开发与创新, 2010 (2): 190-191.

[203] Luu T V, Kim S Y, Truong T Q, et al. Quality improvement of apartment projects using fuzzy-QFD approach: A case study in Vietnam [J]. KSCE Journal of Civil Engineering, 2009, 13 (5): 305-315.

[204] 王震,宋敏. 质量功能展开管理方法在房地产开发项目中的应用 [J]. 江苏冶金, 2008 (s1): 32-35.

[205] 孙洪. 基于质量功能展开的顾客满意度研究 [J]. 价值工程, 2009, 28 (1): 95-98.

[206] 李光明,殷国富,要小鹏. 基于优势关系的质量功能展开中的顾客基本需求 [J]. 计算机集成制造系统, 2010, 16 (5): 1061-1066.

[207] 宋欣,郭伟,刘建琴. QFD 中用户需求到技术特性的映射方法 [J]. 天津大学学报, 2010, 43 (2): 174-180.

[208] 李朝玲,高齐圣. 基于模糊数据包络分析的产品质量功能展开 [J]. 组合机床与自动化加工技术, 2010 (4): 26-30.

[209] 杨永发,徐人平. 设计管理中基于质量功能展开的设计控制 [J].

包装工程，2007（10）：183 – 199.

[210] Sener Z, Karsak E E. A decision model for setting target levels in quality function deployment using nonlinear programming-based fuzzy regression and optimization [J]. The International Journal of Advanced Manufacturing Technology, 2009 (48): 9 – 12.

[211] Baier D, Brusch M. Linking quality function deployment and conjoint analysis for new product design [J]. Data Analysis and Decision Support, 2005 (2): 189 – 198.

[212] 冯珍，张所地. 顾客参与的新产品概念研发项目的评估和选择 [J]. 科技管理研究，2010（11）：166 – 167.

[213] 李延来，雒兴刚，韩毅，等. 基于效用评价的质量功能配置中工程特性改进重要度确定的综合方法 [J]. 计算机集成制造系统，2009，15（3）：585 – 591.

[214] 常文兵，关子明，何益海. 基于QFD的装备研制可靠性工作项目风险模糊综合评估 [J]. 项目管理技术，2009（7）：45 – 48.

[215] [加拿大] 库珀. 新产品开发流程管理：以市场为驱动 [M] 青铜器软件公司，译. 北京：电子工业出版社，2010.

[216] Terninko J. Step-by-step product design [M]. Minneapolis: St. Lucie Press, 1997.

[217] Campbell A J, Cooper R G. Do customer partnership improve success rates? [J]. Industrial Marketing Management, 1999, 28 (5): 507 – 519.

[218] Griffin A, Hauser Jr. The marketing and R&D interface [M]. Amsterdam: Elsevier Scientific, 1992.

[219] Brown G. QFD: Echoing the voice of the customer [J]. AT&T Technical Journal, 1991 (3 – 4): 18 – 32.

[220] Griffin A, Hauser J. The voice of the customer [R]. Cambridge, MA: Marketing Science Institute, 1992: 92 – 106.

[221] 熊伟，[日本] 渡边喜道，[日本] 新藤久和. 用HOQ拓展概念的软件描述及其定量结构化方法 [J]. 软件学报，2005，16（1）：8 – 16.

[222] 熊伟. 顾客满意导向的软件质量保证模型及应用 [J]. 中国质量，2005，5（12）：14 – 17.

[223] [美国] 冯·贝塔朗菲. 一般系统论：基础、发展和应用 [M]. 林康艺，魏宏森，译. 北京：清华大学出版社，1987.

[224] 钱学森, 王寿云. 系统思想和系统工程 [M]. 长沙: 湖南科学技术出版社, 1988.

[225] 许国志, 顾基发, 车宏安. 系统科学 [M]. 上海: 上海科技出版社, 2000.

[226] 苗东升. 系统科学精要 [M]. 北京: 中国人民大学出版社, 2010 (3).

[227] 汪应洛. 系统工程 [M]. 北京: 机械工业出版社, 2003.

[228] 王其藩. 系统动力学 [M]. 上海: 上海财经大学出版社, 2009.

[229] 苗东升. 系统科学辩证法 [M]. 济南: 山东教育出版社, 1998.

[230] [德国] 哈肯. 高等协同学 [M]. 郭治安, 译. 北京: 科学出版社, 1989.

[231] 魏宏森, 曾国屏. 系统论——系统科学哲学 [M]. 北京: 清华大学出版社, 1995.

[232] Clark A D. The models of the corporation and the development of corporate governance [J]. Corporate Governance Journal, 2005, 9 (20): 1 - 8.

[233] Kenneth A, Carroll A, Hatfield J. An empirical examination of the relationship between corporate social responsibility and profitability [J]. Academy of Management Journal, 1985, 28 (2): 446 - 463.

[234] Michael J, Meckling W. Theory of the firm: Managerial behavior, agency costs and ownership structure [J]. Journal of Financial Economics, 1976, 3 (4): 305 - 360.

[235] Freeman R E. Strategic management: Stakeholder approach (Pitmanseries in business and public policy) [M]. Boston: Harpercollins College Div, 1984.

[236] 田恩舜. 从一元控制到多元治理: 世界高等教育质量保证发展趋势探析 [J]. 学位与研究生教育, 2006 (12): 52 - 57.

[237] Rosovsky H. The university: An owner's manual [M]. New York: W W Norton and Company, 1990.

[238] 张维迎. 大学的逻辑 [M]. 北京: 北京大学出版社, 2004.

[239] 管祎, 夏品奇. 基于全面质量管理的研究生教育质量管理 [J]. 江苏高教, 2009 (2): 102 - 104.

[240] 李福华. 利益相关者视野中大学的责任 [J]. 高等教育研究, 2007 (1): 50 - 53.

[241] 刘宗让. 大学战略：利益相关者的影响与管理 [J]. 高教探索, 2010 (2)：18-23.

[242] 赵军, 周玉清. 研究生教育质量概念研究新视野 [J]. 学位与研究生教育, 2011 (6)：23-28.

[243] Charkham J. Corporate hovernance: Lessons from abroad [J]. European Business Journal, 1992, 4 (2)：8-16.

[244] Clarkson M. A stakeholder framework for analyzing and evaluating corporate social performance [J]. Academy of Management Review, 1995, 20 (1)：92-117.

[245] Wood A M. Toward a theory of stakeholder identification and salience: Defining the principle of who and what really counts [J]. The Academy of Management Review, 1997, 22 (4)：853-886.

[246] Wheeler D, Maria S. Including the stakeholders: The business cade [J]. Long Range Planning, 1998, 31 (2)：201-210.

[247] Clarkson M. A stakeholder framework for analyzing and evaluating corporate social performance [J]. Academy of Management Review, 1995, 20 (1)：92-117.

[248] 中国新闻网. 聚焦教育后4%时代：未来教育投入要建峰还要填谷 [EB/OL]. http://www.chinanews.com/edu/2013/03-07/4621799.shtml. 2013-03-12.

[249] 范先佐. 筹资兴教 [M]. 武汉：华中师范大学出版社, 1999.

[250] 姜楠, 罗尧成, 孙绍荣. 高校专业设置趋同与教育财政拨款的改革建议 [J]. 江苏高教, 2010 (4)：23-24.

[251] Schiultz T W. The economic value of education [M]. New York：Columbia University Press, 1961.

[252] Cohn E, Geske T G. The economics of education [M]. Oxford, England：Pergamon Press, 1990.

[253] 林荣日. 教育经济学 [M]. 上海：复旦大学出版社, 2001.

[254] 王善迈. 教育投入与产出研究 [M]. 石家庄：河北教育出版社, 1999.

[255] 戚亚国. 论高等教育质量保障的思想、模式与组织体系 [J]. 青岛农业大学学报：社会科学版, 2007, 19 (1)：60-64..

[256] Campbell A J, Cooper R G. Do customer partnership improve success rates?

[J]. Industrial Marketing Management, 1999, 28 (5): 507-519.

[257] 郭亚军. 综合评价理论与方法 [M]. 北京: 科学出版社, 2002.

[258] 李德顺, 许开立, 李春晨. 基于集值迭代的多专家主观权重确定方法的研究 [J]. 金属矿山, 2009, 9 (399): 42-50.

[259] 秦敬民. 基于 QFD 的高校创业教育质量评价研究 [D]. 天津: 天津大学, 2009.

[260] 宋丽丽, 窦春秩. QFD 在高校专业课程质量评估中的应用 [J]. 中国管理信息化, 2009, 1 (12): 109-112.

[261] 刘正周. 管理激励 [M]. 上海: 上海财经大学出版社, 1998.

[262] 马万民. 高等教育人才培养质量评价模型研究 [J]. 中国软科学, 2008 (8): 153-156.

[263] 姚允柱. 基于创新教育的知识、能力、素质关系辨析 [J]. 黑龙江高教研究, 2006 (11): 21-25.

[264] 中国博士质量分析课题组. 中国博士质量报告 [M]. 北京: 北京大学出版社, 2010.

[265] 陈廷柱. 以社会需求为导向推进高等教育改革应注意的问题 [J]. 高等教育研究, 2010 (7): 50-51.

[266] 贾永堂. 大众型高校在战略选择上应强调顾客导向 [J]. 高等教育研究, 2010 (7): 44-46.

[267] [美国] 德里克·博克. 走出象牙塔——现代大学的社会责任 [M]. 徐小洲, 陈军, 译. 杭州: 浙江教育出版社, 2001.

[268] [美国] 唐纳德·肯尼迪. 学术责任 [M]. 阎凤桥, 译. 北京: 新华出版社, 2002.

[269] Parasuraman A, Zeithaml V A, Berry L L. A conceptual model of service quality and its implications for future research [J]. Journal of Marketing, 1985: 41-50.

[270] Parasuraman A, Zeithaml V A, Berry L L. SERVQUAL: A multiple-item scale for measuring customer perceptions of service quality [J]. Journal of Retailing, 1988: 12-40.

[271] Farrugia C. A continuing professional development model for quality assurance in higher education [J]. Quality Assurance in Education, 1996, 4 (2): 82-34.

[272] Kwan P Y K, Ng P W K. Quality indicators in higher education-compa-

ring Hong Kong and China's students [J]. Managerial Auditing Journal, 1999, 14 (1): 20-27.

[273] 余天佐, 韩映雄. SERVQUAL 在高等教育服务质量评价中的应用研究述评 [J]. 现代大学教育, 2010 (6): 59-63.

[274] 卢海英. SERVQUAL 模型对本科教育服务质量评估的实践研究——对 A 本科院校的个案分析 [J]. 高等农业教育, 2010 (7): 26-30.

[275] Sureshchandar G S, Rajendran C, Kamalanabhan T J. Customer perceptions of service quality: A critique [J]. Total Quality Management, 2001, 15 (2): 111-124.

[276] Babakus E, Boller G W. An empirical assessment of the SERVQUAL scale [J]. Journal of Business Research, 1992, 24 (3): 253-269.

[277] Orwig R A, Pearson J, Cochran D. An empirical investigation into the validity of SERVQUAL in the public sector [J]. PAQ Spring, 1997, 21 (1): 54-56.

[278] 章建石. 高等教育质量观的多元表达与教学评估变革 [J]. 大学·研究与评价, 2007 (2): 43-45.

[279] 张应强, 李峻. 高等教育大众化中的高考制度改革——基于利益相关者理论的分析 [J]. 大学教育科学, 2010 (1): 81-86.

[280] Parasuraman A, Zeithaml V, Berry L L. Alternative scales for measuring service quality: A comparative assessment based on psychometric and diagnostic criteria [J]. Journal of Retailing, 1994, 70 (3): 201-230.

[281] 李平. 高等教育的多维质量观: 利益相关者的视角 [J]. 国家教育行政学院学报, 2008 (6): 53-58.

[282] 洪彩真. 国外高等教育服务质量 SERVQUAL 模型研究及其启示 [J]. 比较教育研究, 2007, (6): 67-74.

[283] LeBlanc G, Nguyen N. Listening to the customer's voice: Examining perceived service value among business college students [J]. International Journal of Educational Management, 1999, 13 (4): 187-198.

[284] Donnelly M, Edward M S. Assessing service quality and its link with value for money in a UK local authority's housing repairs service using the SERVQUAL approach [J]. Total Quality Management, 1999 (10): 498-506.

[285] Green D. What is quality in higher education [M]. The Society for Re-

search into Higher Education, 1994.

[286] 田恩舜. 试论高等教育质量保证中的三种力量 [J]. 高教探索, 2005 (3): 17-19.

[287] 李军林, 郑志. 罗伯特·奥曼对经济学及博弈论的贡献 [J]. 经济学动态, 2001 (5): 26-29.

[288] 中国学位与研究生教育信息网. 研究生教育质量保障 [EB/OL]. http://www.cdgdc.edu.cn/xwyyjsjyxx/zlpj/257676.shtml. 2011-11-08.

[289] 周倩. 高等教育改革中不同利益主体间的博弈 [J]. 国家教育行政学报, 2011 (3): 22-26.

[290] 唐永泽. 我国高等教育主体间关系的变化趋势 [J]. 江苏高教, 2002 (5): 14.

[291] 中国学位与研究生教育信息网. 学位授权审核项目简介 [EB/OL]. http://www.cdgdc.edu.cn/xwyyjsjyxx/zlpj/xwsqsh/257698.shtml. 2011-11-09.

[292] 中国学位与研究生教育信息网. 学位授权点定期评估项目简介 [EB/OL]. http://www.cdgdc.edu.cn/xwyyjsjyxx/zlpj/xwddqpg/257699.shtml. 2011-11-09.

[293] 中国学位与研究生教育信息网. 国家教委发出《关于改进和加强研究生工作的通知》[EB/OL]. http://www.cdgdc.edu.cn/xwyyjsjyxx/xw30/hssn/mtsd/1981/269948.shtml. 2011-11-07.

[294] 焦磊. 大学教育质量保障与提升——外部利益相关者信息反馈机制研究 [D]. 上海: 华东师范大学, 2010.

[295] 洪延艺. 基于利益相关者的高等职业教育培养目标初探 [J]. 中国电力教育, 2007 (7): 35-37.

[296] 新华网. 全国人大常委会关于修改《中华人民共和国学位条例》的决定 [EB/OL]. http://news.xinhuanet.com/zhengfu/2004-08/30/content_1924442.htm. 2011-11-07.

[297] 李福华. 利益相关者视野中大学的责任 [J]. 高等教育研究, 2007 (1): 50-53.

[298] 胡赤弟. 高等教育中的利益相关者分析 [J]. 教育研究, 2005 (3): 38-46.

[299] 王连森. 利益相关者与大学的责任、制度、资源 [J]. 宁波大学学报: 教育科学版, 2006 (6): 103-106.

[300] 胡弼成. 高等教育质量观的演进 [J]. 教育研究, 2006 (11): 24-28.

[301] 周正嵩, 孙月娟. 基于SERVQUAL模型的研究生教育服务质量评价研究 [J]. 学位与研究生教育, 2010 (12): 50-53.

[302] 马扬, 张玉璐. 高等教育收益率研究 [J]. 比较教育研究, 2001 (9): 7-10.

[303] 王建华. 高等教育质量研究——管理的视角 [J]. 高等教育研究, 2009 (2): 1-9.

[304] 刘献君. 以质量为核心的教学评估体系构建——兼论我国本科教学工作水平评估 [J]. 高等教育研究, 2007 (7): 2-7.

[305] 袁国华. 基于顾客导向的高等教育营销 [M]. 北京: 清华大学出版社, 2006.

[306] Landrum R. Expert SQL server 2008 encryption [M]. New York: Apress Media LLC, 2009.

[307] Landrum H, Prybutok V R. A service quality and success model for the information service industry [J]. European Journal of Operational Research, 2004, 156 (3): 628-642.

[308] 陈廷柱. 以社会需求为导向推进高等教育改革应注意的问题 [J]. 高等教育研究, 2010 (7): 50-51.

[309] 郝德永. 新形势下高等教育改革与发展的几点思考 [J]. 现代教育管理, 2010 (10): 7-8.

[310] 张晓明. 满足个人需求是推动高等教育改革的基本导向 [J]. 高等教育研究, 2010 (7): 49-54.

[311] 许金龙, 耿立卿. 辽宁省大学生就业供求信息调查研究 [J]. 现代教育管理, 2009 (1): 124-128.

[312] 刘在洲. 理顺政府与高校之间的关系是高等教育管理体制改革的重中之重 [J]. 黑龙江高教研究, 1999 (3): 30-32.

[313] 唐永泽. 我国高等教育主体间关系的变化趋势 [J]. 江苏高教, 2002 (5): 14-18.

[314] 武书连. 挑大学选专业: 2011高考志愿填报指南 [M]. 北京: 中国统计出版社, 2011.

[315] 中华人民共和国教育部. 分学科研究生数 (总计) [EB/OL]. http://www.moe.edu.cn/publicfiles/business/htmlfiles/moe/s6200/201201/129-

601. html. 2012 – 05 – 16.

[316] Fabrigar L R, Wegener D T, MacCallum R C, et al. Evaluating the use of exploratory factor analysis in psychological research [J]. Psychological Methods, 1999 (4): 272 – 299.

[317] Gorsuch R L. Handbook of multivariate experimental psychology [M]. New York: Plenum, 1983 (2): 231 – 258.

[318] Reise S P, Waller N G, Comrey A L. Factor analysis and scale revision [J]. Psychological Assessment, 2000 (12): 287 – 297.

[319] Cattell R B. Handbook of multivariate experimental psychology [M]. New York: Springer-Verlag US, 1988.

[320] 孙晓军, 周宗奎. 探索性因子分析及其在应用中存在的主要问题 [J]. 心理科学, 2005, 28 (6): 1440 – 1442.

[321] 范津砚, 叶斌, 章震宇, 等. 探索性因素分析最近 10 年的评述 [J]. 心理科学进展, 2003, 11 (5): 579 – 585.

[322] Nunnally J C. Psychometric theory [M]. New York: McGraw-Hill, 1978.

[323] Kline R B. Principles and practice of structural equation modeling [M]. New York: The Guilford Press, 1998.

[324] 吴明隆. 问卷统计分析实务——SPSS 操作与应用 [M]. 重庆: 重庆大学出版社, 2010.

[325] 候杰泰, 温忠麟, 成子娟. 结构方程模型及其应用 [M]. 北京: 教育科学出版社, 2004.

[326] 黄芳铭. 结构方程模式: 理论与应用 [M]. 北京: 中国税务出版社, 2005.

[327] 陈正昌, 程炳林, 称新丰, 等. 多变量分析方法——统计软件应用 [M]. 北京: 中国税务出版社, 2005.

[328] MacCallum R C, Widaman K F, Zhang S, et al. Sample sizein factor analysis [J]. Psychotically Methods, 1999 (4): 84 – 99.

[329] Comrey A L, Lee H B. A first course in factor analysis [M]. 2nd ed. London: Psychology Press, 1992.

[330] Gorsuch R L. New procedure for extension analysis in exploratory factor analysis [J]. Educational and Psychological Measurement, 1997, 57 (5): 725 – 740.

[331] 温忠麟, 侯杰泰, [澳大利亚] 马什赫伯特. 结构方程模型检验——

拟合指数与卡方准则 [J]. 心理学报, 2004, 36 (2): 186-194.

[332] 柳恒超, 许燕, 王力. 结构方程模型应用中模型选择的原理和方法 [J]. 心理学探新, 2007, 1 (101): 75-78.

[333] Burnham K P, Anderson D R. Model selection and multimodel inference: A practical information-theoretical approach [M]. New York: Springer-Verlag, 2002.

[334] 石邦宏, 王孙禺, 袁本涛. 市场约束下的研究生教育质量内涵 [J]. 学位与研究生教育, 2009 (1): 29-32.

[335] [美国] 理查德·鲁克. 高等教育公司: 营利性大学的崛起 [M]. 于培文, 译. 北京: 北京大学出版社, 2006.

[336] Marsh H W, Rowe K J, Martin A. PhD students' evaluations of research supervision: Issues, complexities, and challenges in a nationwide Australian Experiment in Benchmarking Universities [J]. The Journal of Higher Education, 2002 (3): 313-348.

[337] 廖良才. 从全国优秀博士学位论文评选工作谈我校博士生培养问题 [J]. 高等教育研究学报, 2000 (3): 43-45.

[338] 谢安邦. 比较高等教育 [M]. 桂林: 广西师范大学出版社, 2002.

[339] 姚秀颖, 李秀兵, 陆根书, 等. 研究生学位论文质量影响因素研究 [J]. 学位与研究生教育, 2008 (1): 2-6.

[340] 段锦云, 凌斌. 中国背景下员工建言行为结构及中庸思维对其的影响 [J]. 心理学报, 2011, 43 (10): 1185-1197.

[341] 国家统计局门户网站. 第六次全国人口普查 [EB/OL]. http://www.stats.gov.cn/zgrkpc/dlc/zl/. 2013-01-29.

[342] Calabro H. The highest education: A study of graduate education in Britain [J]. British Journal of Educational Studies, 1977, 24 (3): 515-516.

[343] 王则温, 章丽萍, 张君. 提高博士生培养质量的关键是建设高水平学科 [J]. 学位与研究生教育, 2002 (11): 29-31.

[344] 马海泉, 吕东伟. 以创新引领研究生教育质量的提升——国务院学位办主任杨卫院士畅谈研究生教育改革走向 [J]. 中国高等教育, 2005 (9): 9-12.

[345] 蒲云, 代宁, 王永杰. 谈创造性拔尖人才成长规律——全国优秀博士学位论文作者调查启示 [J]. 西南交通大学学报: 社会科学版, 2006 (4): 12-15.

[346] 王则温,张君,陈志峰. 从优秀博士学位论文获得者的基本情况探讨博士生培养问题 [J]. 学位与研究生教育, 2003 (9): 29-31.

[347] 王孙禺,袁本涛,赵伟. 我国研究生教育质量状况综合调研报告 [J]. 中国高等教育, 2007 (9): 32-35.

[348] 赵中建. 全球教育发展的研究热点——90年代来自联合国教科文组织的报告 [M]. 北京: 教育科学出版社, 2003.

[349] Jeliazkova M, Westerheijden D F. Systemic adaptation to a changing environment: Towards a next generation of quality assurance models [J]. Higher Education, 2002 (44): 433-448.

[350] 中工网. 努力办好人民满意的教育——访十八大代表、教育部党组书记、部长袁贵仁. [EB/OL]. http://www.workercn.cn/c/2012/11/13/121113143516153891243.html. 2013-03-05.

[351] 操太圣. 从封闭走向开放——研究生培养模式的重构与思考 [J]. 教育发展研究, 2005 (10): 15-18.

附录1 调查问卷

敬启者：

您好！

本问卷是广东省普通高校人文社会科学研究项目——"中国研究生教育质量研究"课题组所进行的一项调查，旨在获取我国研究生教育质量的相关信息，从而为保障和提升研究生教育质量提供政策建议。

为了更好地采集到客观数据，请您在百忙之中协助我们完成这份问卷的填写，勾选出您认为最合适的答案。本项目组承诺对您提供的资料严格保密，本问卷的数据将仅用于科学研究分析，不会用于任何商业目的。

非常感谢您的大力支持！如有需要，本项目组也愿将最终研究成果提供给您，供您参考！

"中国研究生教育质量研究"课题组

第一部分 背景资料
● 在问卷正式开始之前，请匿名填写您的个人情况。

1. 您的性别：
(1) 男（ ）；(2) 女（ ）。
2. 您的年龄：
(1) 25 岁及以下（ ）；(2) 25～35 岁（ ）；(3) 35～45 岁（ ）；(4) 45 岁及以上（ ）。
3. 您的学历：
(1) 博士（ ）；(2) 硕士（ ）；(3) 本科（ ）；(4) 本科以下（ ）。

4. 您的职业：

（1）政府机关行政人员（ ）；（2）企事业单位人员（ ）；（3）大学教职人员（ ）；（4）在读研究生（ ）；（5）其他＿＿＿＿＿＿。

第二部分　正式问卷

● 请仔细阅读问卷题目，在与您所感知的实际情况相符的数字上打勾。

Part 1　研究生教育相关者需求 下面各题项描述了利益相关者对研究生教育的各种期望和需求，请根据您的感知，对下列各项需求要素的重要程度做出评判。			很不重要	不太重要	一般	比较重要	非常重要
1	SBD1	有图书馆、教室等教学生活设施	1	2	3	4	5
2	SBD2	有食堂、宿舍、网络等后勤服务支撑	1	2	3	4	5
3	SBD3	有实验室和仪器设备等科研实验资源	1	2	3	4	5
4	SBD4	有与教学配套的管理机制	1	2	3	4	5
5	SID1	校内研究生之间关系融洽	1	2	3	4	5
6	SID2	校内研究生与导师和任课教师之间的交流频繁	1	2	3	4	5
7	SID3	校内院系间有跨学科交流	1	2	3	4	5
8	SID4	校内科研学术氛围浓厚	1	2	3	4	5
9	SID5	高校与企业共建产学合作基地和合作项目	1	2	3	4	5
10	SID6	高校与国内外其他高校共享资源	1	2	3	4	5
11	SID7	高校与媒体或其他机构有交流的渠道	1	2	3	4	5
12	SGD1	学生的专业知识基础扎实	1	2	3	4	5
13	SGD2	学生的知识应用能力强	1	2	3	4	5
14	SGD3	学生的道德素质水平高	1	2	3	4	5
15	SGD4	毕业生的就业竞争力强	1	2	3	4	5
16	SGD5	高校的形象好，美誉度高	1	2	3	4	5
17	SGD6	科研成果的转化率高	1	2	3	4	5

Part 2　研究生教育质量特征

下面各题项描述了研究生教育的质量特征和质量表现，请根据您的感知，对下列各项质量特征的重要程度进行评判。

			很不重要	不太重要	一般	比较重要	非常重要
1	QCD1	有管理机制保障教学活动的正常有序开展	1	2	3	4	5
2	QCD2	有良好的校舍、图书和设备等教学条件	1	2	3	4	5
3	QCD3	有水平高、结构好的师资队伍	1	2	3	4	5
4	QCD4	有科学合理的培养方案和计划	1	2	3	4	5
5	QCR1	定期公布研究生招生、教学、就业等信息	1	2	3	4	5
6	QCR2	有定期与利益相关者交流的机制	1	2	3	4	5
7	QCR3	及时对相关者的投诉意见做出回应并整改	1	2	3	4	5
8	QCR4	关注社会前沿需求并不断对教学模式做出调整	1	2	3	4	5
9	QCR5	定期更新和新增图书、仪器和设备	1	2	3	4	5
10	QCF1	大学/学科排名位置靠前	1	2	3	4	5
11	QCF2	毕业生就业率/起薪高	1	2	3	4	5
12	QCF3	发表论文和专利的水平高	1	2	3	4	5
13	QCF4	科研项目获奖多、等级高	1	2	3	4	5
14	QCF5	知名校友、知名教授数量多	1	2	3	4	5
15	QCE1	师生间交流指导时间有保证	1	2	3	4	5
16	QCE2	教研、教务及管理人员态度良好	1	2	3	4	5
17	QCE3	高校在教学活动中秉持公平理念，培养学生的社会责任感	1	2	3	4	5
18	QCE4	高校为学生提供心理咨询、就业指导等生活服务	1	2	3	4	5
19	QCE5	高校知晓并协助学生解决经济上的困难	1	2	3	4	5

Part 3 研究生教育质量保障

下面各题项描述了为保障和提升研究生教育采取的各种措施，请根据您的感知，对下列各项教育质量保障要素的影响作用进行评判。

			作用很小	作用较小	一般	作用较大	作用很大
1	QAG1	政府进一步健全研究生教育相关法律法规	1	2	3	4	5
2	QAG2	政府制定清晰明确的战略发展规划	1	2	3	4	5
3	QAG3	政府持续加大对研究生教育的财政投入	1	2	3	4	5
4	QAG4	政府加强质量评估及评估结果的应用	1	2	3	4	5
5	QAH1	高校严格控制研究生招生入学	1	2	3	4	5
6	QAH2	高校对课程及实践教学方案内容有较好的安排	1	2	3	4	5
7	QAH3	高校对教职人员有管理和激励机制	1	2	3	4	5
8	QAH4	高校对教学设施有良好的管理机制	1	2	3	4	5
9	QAH5	高校对研究生教育相关信息有良好的管理机制	1	2	3	4	5
10	QAH6	高校严格考核教学过程	1	2	3	4	5
11	QAC1	捐赠者、银行等为研究生教育提供资金支持	1	2	3	4	5
12	QAC2	企业或科研机构与高校合作开展项目或联合培养学生	1	2	3	4	5
13	QAC3	社会公众或机构对研究生教育提出意见和建议	1	2	3	4	5
14	QAC4	第三方机构独立进行高校排名和信息公布	1	2	3	4	5
15	QAS1	学生有明确的目标规划并能进行自我管理	1	2	3	4	5
16	QAS2	学生努力学习，积极参与科研项目和实践活动	1	2	3	4	5
17	QAS3	学生主动与老师、学校管理人员交流并提出意见	1	2	3	4	5

问卷到此结束，非常感谢您的参与！

附录2　专家小组评分情况

注：相关度评分区间为1~5，空格代表不相关，1代表低度相关，3代表中度相关，5代表高度相关。由于相关者需求—质量特征相关矩阵和质量特征—质量保障相关矩阵中，各要素的数量较多且题项表达的文字也较多，出于排版方面的考虑，以下各位专家评分相关矩阵中，仅用编号取代题项内容，题项编号与问项具体内容对应附录1的问卷部分。详见表1至表12。

表 1　专家 L1 的相关者需求—质量特征相关矩阵评分

									研究生教育质量特征要素										
		QCD1	QCD2	QCD3	QCD4	QCR1	QCR2	QCR3	QCR4	QCR5	QCF1	QCF2	QCF3	QCF4	QCF5	QCE1	QCE2	QCE3	QCE4	QCE5
研究生教育相关者需求要素	SBD1		5																	
	SBD2		3			2														
	SBD3		4	2																
	SBD4	3						3		3	2				1	3	2	3	3	2
	SID1																	3	1	
	SID2	2		4		2	3	2			3		3			5	2		2	2
	SID3			2			2			2	3		3			1				
	SID4								4					2	2					
	SID5	3	3				3		3	3	3									
	SID6		2																	
	SID7					3	3	4	3		3		4			2		1		
	SGD1	2		3	2	3	2		3	1	1	3	2	3		2				
	SGD2	2		3	2					1		3				2				
	SGD3			2		3	2		3		4	5				2		3	4	
	SGD4		3								4		2		3		2		3	
	SGD5																			
	SGD6		2						4		2		2	4						

附录2 专家小组评分情况

表2 专家L1的质量特征—质量保障相关矩阵评分

		QAG1	QAG2	QAG3	QAG4	QAH1	QAH2	QAH3	QAH4	QAH5	QAH6	QAC1	QAC2	QAC3	QAC4	QAS1	QAS2	QAS3
研究生教育质量特征要素	QCD1	4								1	3							
	QCD2		2		2		3					2						
	QCD3				2			3										
	QCD4	2	3				4				3				3		3	
	QCR1				3	2				4								
	QCR2		2		2	3	3			3			2	2				3
	QCR3						4	2		1			2	3				
	QCR4						5			3			3	3				
	QCR5			2					3			2			2			
	QCF1				2	3					3					3		3
	QCF2							3		2	4		2		1	3	3	
	QCF3					4	2			3	3		2		1	2	3	
	QCF4							4			2				1	2		
	QCF5				2							2	2			3		4
	QCE1	2				1	2			2	3	2			1			
	QCE2					1					2	2	1					
	QCE3	2		3	2			2		3						2		2
	QCE4											2				2		
	QCE5							2		2		2				2		2

197

表3 专家L2的相关者需求—质量特征相关矩阵评分

		研究生教育质量特征要素																	
		QCD1	QCD2	QCD3	QCD4	QCR1	QCR2	QCR3	QCR4	QCR5	QCF1	QCF2	QCF3	QCF4	QCF5	QCE1	QCE2	QCE3	QCE4	QCE5
研究生教育相关者需求要素	SBD1	2	5	2																
	SBD2	3	2																	
	SBD3	5	5																	
	SBD4								3	5			3							3
	SID1																2	3		
	SID2	3	3	3	3			4	1		3		5	4	5	5		4	2	
	SID3	3		5	2	2	3			1	3		3	1		3	3			
	SID4		2	3	2				2		3		5	2	1	4	5			
	SID5	2	2				5	3	3		3	3		2	3	2				
	SID6						5		5		5	5								
	SID7				3			2	1							2				2
	SGD1		1	2	3						3	3	3	3		3	2			
	SGD2			1								5	5			2				
	SGD3		2	2	3			2	2		3	3	3	3	3	3	3	5	4	
	SGD4						5				5	5								
	SGD5	3	2		3	3		2			5	3		3	3	1			2	
	SGD6				3	3					5	3		2	3	1			2	

表 4 专家 L2 的质量特征—质量保障相关矩阵评分

研究生教育质量特征要素	QAG1	QAG2	QAG3	QAG4	QAH1	QAH2	QAH3	QAH4	QAH5	QAH6	QAC1	QAC2	QAC3	QAC4	QAS1	QAS2	QAS3
QCD1	4				3												
QCD2			4								2	2					
QCD3			4				5				2	2					
QCD4		3											2				
QCR1	3	4		3		4			4	3	3	4	3	4			
QCR2									4	3							
QCR3	1		3	4													
QCR4	3			4		4		4	4		2	2					2
QCR5			3														
QCF1							4	3						3			
QCF2					2	3	4								4	3	
QCF3							2			4					3	3	
QCF4						3	1			4		2				3	
QCF5		2															
QCE1							1					2				2	3
QCE2																	
QCE3											2	2	3				
QCE4																	2
QCE5																	3

表 5 专家 L3 的相关者需求—质量特征相关矩阵评分

研究生教育相关者需求要素		QCD1	QCD2	QCD3	QCD4	QCR1	QCR2	QCR3	QCR4	QCR5	QCF1	QCF2	QCF3	QCF4	QCF5	QCE1	QCE2	QCE3	QCE4	QCE5
	SBD1	2	2	1							1		1	1			1			1
	SBD2	1	1			5	4	1			1	1								
	SBD3	1	5	1						2			3	1	1					
	SBD4	4	1	3	1		1		1											
	SID1																1	1	1	
	SID2	2	1		3				2		1		1	2		2	1		2	
	SID3	2	2				2	2	1		1	1	1	1	1					
	SID4	1	1	2				1			1	1	2	2	2	2	1		2	
	SID5		1				2		2											
	SID6	1	1						2	1	2	2	1	2	2	1				1
	SID7						3	1	1											
	SGD1		1				2	2		2			5	1			1			
	SGD2	1	2	2			1	1	1		2	5	1	1			1	1	1	
	SGD3	1	1	1	1				2		1	2	2	1	1					
	SGD4				1						2	2	2	2		1	1	1	1	
	SGD5							2												
	SGD6				1		1	1			2	2	2	2	3			1		

研究生教育质量特征要素

表6 专家L3的质量特征—质量保障相关矩阵评分

	研究生教育质量保障要素																
	QAG1	QAG2	QAG3	QAG4	QAH1	QAH2	QAH3	QAH4	QAH5	QAH6	QAC1	QAC2	QAC3	QAC4	QAS1	QAS2	QAS3
QCD1	1	1	1	1													
QCD2	1		2					4			1	2					
QCD3	1		2	1			2					1					
QCD4	1	3			1												
QCR1	1	1	1						3		1	1	1				
QCR2	1	1							4	2				1		1	1
QCR3	1	1							2				1			1	1
QCR4	1	1	1					3									2
QCR5	1		2	1	1									2			
QCF1				2	1	1				4		1	1	1	2		
QCF2			1	1	1	2				2		2	2	1	1	1	
QCF3			2	2		2	2			4		3	2	1			
QCF4			2	1		2			3	3	1	3	1		2	1	
QCF5											1		1				
QCE1	1							3				1	1			3	
QCE2						1					1	1	1		2	1	1
QCE3						1	2		3		1	1			1	1	2
QCE4							2		3								
QCE5																	1

201

表 7 专家 L4 的相关者需求—质量特征相关矩阵评分

		QCD1	QCD2	QCD3	QCD4	QCR1	QCR2	QCR3	QCR4	QCR5	QCF1	QCF2	QCF3	QCF4	QCF5	QCE1	QCE2	QCE3	QCE4	QCE5
研究生教育相关者需求要素	SBD1																			
	SBD2																			
	SBD3		5																	4
	SBD4	3																		
	SID1																			
	SID2			5																
	SID3			5				3												
	SID4			5																
	SID5								4											
	SID6						5				4	5	4		5		5			
	SID7								4											
	SGD1			2																
	SGD2		1	3							4	5	5	5						
	SGD3																		4	
	SGD4										4	5	4		5					
	SGD5										4	5	4		5					
	SGD6										4	5	4		5					

表 8 专家 L4 的质量特征—质量保障相关矩阵评分

研究生教育质量保障要素

		QAG1	QAG2	QAG3	QAG4	QAH1	QAH2	QAH3	QAH4	QAH5	QAH6	QAC1	QAC2	QAC3	QAC4	QAS1	QAS2	QAS3
研究生教育质量特征要素	QCD1																	
	QCD2			5														
	QCD3			5														
	QCD4		3			4		4	5	5		5						
	QCR1																	
	QCR2						4			5								2
	QCR3					5		5		5		5		3				
	QCR4		3	4	5									3	3			
	QCR5	5	3															
	QCF1										5					5		
	QCF2												3					
	QCF3							4			5		3					
	QCF4					4		5		5								
	QCF5						4											
	QCE1																	
	QCE2	5		4													5	3
	QCE3																	
	QCE4																	
	QCE5			4			4					3						3

203

表 9 专家 L5 的相关者需求—质量特征相关矩阵评分

	QCD1	QCD2	QCD3	QCD4	QCR1	QCR2	QCR3	QCR4	QCR5	QCF1	QCF2	QCF3	QCF4	QCF5	QCE1	QCE2	QCE3	QCE4	QCE5
SBD1		5			1														
SBD2	2	5			5	4													
SBD3	5	5				1			5										2
SBD4			2					1			4	2	2						
SID1	3	2	3								4							3	
SID2	3	1	5	4			4	2											3
SID3	2	4	5	4	2	2		3		3	3	4	4	4	4	5	1	3	
SID4	3	3	3			2			1	3	4	3	3	4	4	4	1		
SID5	1	4			3	4		4			3	4	4						
SID6			3		3	3		2		4	4	4	4						
SID7	1	4			3	5		4			3	4	4		1		1		
SGD1			4									5	5						
SGD2	3	3	4			3				4	5	5	5						
SGD3			4									5	5						
SGD4			3		3					4	4								
SGD5		3			3	3				3	4			4				3	
SGD6		3	3		3	3		2		4	4	4	4	4					

研究生教育相关者需求要素 / 研究生教育质量特征要素

附录2 专家小组评分情况

表10 专家L5的质量特征—质量保障相关矩阵评分

		研究生教育质量保障要素															
		QAG1	QAG2	QAG3	QAG4	QAH1	QAH2	QAH3	QAH4	QAH5	QAH6	QAC1	QAC2	QAC3	QAC4	QAS1	QAS2	QAS3
研究生教育质量特征要素	QCD1	1	2			1	4		3	2	3							
	QCD2			4	2				5						1			
	QCD3	1		4	2			5							1			
	QCD4		2				5											
	QCR1	1				5						3						
	QCR2					5	3		3	3	4		4	4	2			4
	QCR3	3				5	3			3	4	3	1	3	2			
	QCR4		1		2													
	QCR5			3			4		2	4	5				2			
	QCF1				2			5			4	3						
	QCF2					4		4		3								
	QCF3						3		3		3		4			4	3	
	QCF4						3						4				3	
	QCF5																	
	QCE1								3					2		2	3	4
	QCE2	3	2										2	3		2	3	3
	QCE3	3										1						
	QCE4	3														2	3	3
	QCE5			3			1					3	2			2	3	2

205

表 11 专家 L6 的相关者需求—质量特征相关矩阵评分

		研究生教育质量特征要素																	
		QCD1	QCD2	QCD3	QCD4	QCR1	QCR2	QCR3	QCR4	QCR5	QCF1	QCF2	QCF3	QCF4	QCF5	QCE1	QCE2	QCE3	QCE4	QCE5
研究生教育相关者需求要素	SBD1	1	2	1			2	1	1	2	2	1	1	1	1	1	1	1		1
	SBD2	1	1	2	2	3		2		2	2	2	3	2	1	1	1	2	1	
	SBD3	1	4	2	1	2		1	1	4	4	2	2		1	2	2	1		
	SBD4	1		1		2	1	1	3	2	2	4			2	1	2		2	
	SID1			2	2	2	2	1	1	2	1	1	1	2	2	1	3	2		2
	SID2			3	1	1					1	3	3		2	2	3	2	1	
	SID3	2	1	4	2	1	2		2	2	4	3	3	2	2	1	1	1		
	SID4		2	4	1		2	2		2	3	2		4	2	2	1	2		
	SID5	2	3	3		2		1	3		3	3	2	1	2		2			
	SID6	1	3	3	2	2	2	1	2		5	3	4	2	3		1		1	2
	SID7	1	1				3	2	3		3		2	2			1	1	1	
	SGD1	2		3	1	2			2	2	1	2	2		1	2	1			1
	SGD2		3	4	2		2		2	2	3	3	3	4	2	2	3	2		2
	SGD3	1	2	2	1	1	3	3	4	3	1	2	3	2	3	2	1	1		
	SGD4		2	3	1	2	1	2	2		2	2	2	1	5	1	2	2	1	
	SGD5	2	2	3	2			2	2	3		2	1	2	3	2	1	1	3	2
	SGD6	1	2	3	2	2	1	1	2	2	4	4	5	3	3	2	1	2		

表12 专家L6的质量特征—质量保障相关矩阵评分

	研究生教育质量保障要素																
研究生教育质量特征要素	QAG1	QAG2	QAG3	QAG4	QAH1	QAH2	QAH3	QAH4	QAH5	QAH6	QAC1	QAC2	QAC3	QAC4	QAS1	QAS2	QAS3
QCD1	1	2				2				2							
QCD2	1		4		1	2		4			2						
QCD3	1		3		1		3				3	2					
QCD4	3	3															
QCR1				2	3				2	3	3	2	3	3		3	
QCR2					2		1			2	1	1	2	3			2
QCR3	1				2	1	1		2	2		2	3	2			
QCR4	1	2															
QCR5	1		5	2	2	2		3			2		2				
QCF1	1			3	3										2		
QCF2					3				2			2			3	1	
QCF3					1							2			2	1	
QCF4																	
QCF5							3										
QCE1					2	2	3						2				
QCE2	1				1	2	4				1		1			1	
QCE3	1	1			1		2		2			3	4	3			
QCE4	2	1			1		1		2			1					3
QCE5					1		1		2		3	1					3

207

表 13 专家 L7 的相关者需求—质量特征相关矩阵评分

<table>
<tr><th rowspan="2"></th><th colspan="19">研究生教育质量特征要素</th></tr>
<tr><th>QCD1</th><th>QCD2</th><th>QCD3</th><th>QCD4</th><th>QCR1</th><th>QCR2</th><th>QCR3</th><th>QCR4</th><th>QCR5</th><th>QCF1</th><th>QCF2</th><th>QCF3</th><th>QCF4</th><th>QCF5</th><th>QCE1</th><th>QCE2</th><th>QCE3</th><th>QCE4</th><th>QCE5</th></tr>
<tr><td>SBD1</td><td>3</td><td></td><td></td><td></td><td></td><td>2</td><td></td><td>1</td><td>2</td><td>1</td><td></td><td></td><td></td><td></td><td></td><td></td><td></td><td></td><td>1</td></tr>
<tr><td>SBD2</td><td></td><td>1</td><td>3</td><td></td><td>2</td><td>3</td><td></td><td></td><td></td><td>1</td><td>1</td><td>1</td><td></td><td></td><td></td><td></td><td></td><td>1</td><td></td></tr>
<tr><td>SBD3</td><td>2</td><td></td><td></td><td></td><td></td><td></td><td></td><td></td><td></td><td></td><td>3</td><td></td><td></td><td></td><td></td><td></td><td>3</td><td></td><td></td></tr>
<tr><td>SBD4</td><td></td><td></td><td></td><td>4</td><td></td><td></td><td></td><td>2</td><td></td><td></td><td></td><td></td><td></td><td></td><td></td><td></td><td></td><td></td><td></td></tr>
<tr><td>SID1</td><td>3</td><td></td><td></td><td></td><td></td><td></td><td></td><td></td><td></td><td></td><td></td><td></td><td></td><td></td><td></td><td></td><td></td><td></td><td></td></tr>
<tr><td>SID2</td><td></td><td></td><td>1</td><td></td><td></td><td></td><td>3</td><td></td><td>3</td><td></td><td></td><td>5</td><td>5</td><td></td><td></td><td></td><td></td><td></td><td>4</td></tr>
<tr><td>SID3</td><td></td><td></td><td>4</td><td></td><td></td><td></td><td>5</td><td></td><td>4</td><td></td><td></td><td></td><td></td><td></td><td></td><td></td><td></td><td></td><td></td></tr>
<tr><td>SID4</td><td></td><td></td><td></td><td>2</td><td>3</td><td>4</td><td></td><td>3</td><td></td><td></td><td></td><td></td><td></td><td>3</td><td></td><td></td><td></td><td>3</td><td></td></tr>
<tr><td>SID5</td><td></td><td></td><td></td><td>3</td><td>4</td><td>5</td><td></td><td></td><td></td><td></td><td></td><td></td><td></td><td>1</td><td>2</td><td></td><td></td><td></td><td></td></tr>
<tr><td>SID6</td><td></td><td></td><td></td><td></td><td></td><td></td><td></td><td></td><td></td><td></td><td></td><td>3</td><td></td><td>4</td><td></td><td></td><td></td><td></td><td></td></tr>
<tr><td>SID7</td><td></td><td>3</td><td>4</td><td>2</td><td></td><td></td><td>3</td><td></td><td></td><td></td><td>3</td><td>2</td><td></td><td></td><td>2</td><td></td><td></td><td></td><td></td></tr>
<tr><td>SGD1</td><td></td><td></td><td></td><td>3</td><td>4</td><td>5</td><td></td><td></td><td></td><td></td><td></td><td></td><td></td><td></td><td></td><td></td><td></td><td></td><td></td></tr>
<tr><td>SGD2</td><td>2</td><td>4</td><td>3</td><td></td><td></td><td></td><td></td><td></td><td></td><td>2</td><td></td><td>3</td><td>3</td><td>3</td><td>2</td><td>3</td><td>3</td><td>3</td><td>2</td></tr>
<tr><td>SGD3</td><td>2</td><td></td><td></td><td></td><td></td><td></td><td></td><td></td><td></td><td></td><td>5</td><td>3</td><td>2</td><td>4</td><td>3</td><td></td><td></td><td></td><td></td></tr>
<tr><td>SGD4</td><td></td><td>3</td><td></td><td></td><td></td><td></td><td>4</td><td>4</td><td>4</td><td>2</td><td>3</td><td>3</td><td></td><td>3</td><td></td><td>3</td><td>3</td><td>3</td><td></td></tr>
<tr><td>SGD5</td><td></td><td></td><td></td><td></td><td>3</td><td></td><td></td><td></td><td></td><td></td><td></td><td></td><td></td><td></td><td></td><td></td><td></td><td></td><td></td></tr>
<tr><td>SGD6</td><td></td><td></td><td>4</td><td></td><td></td><td></td><td></td><td>4</td><td></td><td>4</td><td>4</td><td>5</td><td></td><td>4</td><td></td><td>4</td><td>3</td><td></td><td></td></tr>
</table>

研究生教育相关者需求要素：SBD1–SBD4, SID1–SID7, SGD1–SGD6

附录2 专家小组评分情况

表14 专家L7的质量特征—质量保障相关矩阵评分

研究生教育质量保障要素

		QAG1	QAG2	QAG3	QAG4	QAH1	QAH2	QAH3	QAH4	QAH5	QAH6	QAC1	QAC2	QAC3	QAC4	QAS1	QAS2	QAS3
研究生教育质量特征要素	QCD1	2				3	3	4	3	3								2
	QCD2			5	3	1			3	3		3			2		2	1
	QCD3			4		2	2		2	4		4	3				2	
	QCD4		3					3							3			
	QCR1						4	3	3					2				
	QCR2						3	3										
	QCR3						4	4										
	QCR4		2			1					2	4	4	2	3	3		3
	QCR5			4							1	4						
	QCF1			4			2			4								
	QCF2							4		3	4					4		
	QCF3					2			3	2	4		3			2		
	QCF4							5		4	3		3			1	3	
	QCF5								2	2	2							
	QCE1				2									2	3		3	3
	QCE2	3			2	2		4					2	4				1
	QCE3							1										
	QCE4								2							2	1	3
	QCE5											3						3

209